LA VIE TERRESTRE

EXPLIQUEE PAR LES GUIDES

Du même auteur :

« *Eveil de conscience* », chez Edilivre.

« *Loreen vit dans l'au-delà* », chez Edilivre.

« *La vie des enfants dans l'au-delà* », chez Amazon.

« *La loi d'Amour* », chez Amazon.

« *L'Energie créatrice et ses manifestations* », chez Amazon.

« *Les niveaux d'évolution de la conscience* », chez Edilivre

AVANT-PROPOS

Le 18 mai 2008, ma petite fille Loreen a été renversée par une voiture. Elle nous a contactés deux jours après par l'intermédiaire d'une collègue de ma fille, qui est médium. Sa mère a voulu communiquer en Transcommunication instrumentale (TCI), ce qui nous a permis d'écrire le livre « Loreen vit dans l'au-delà ».

En 2011, elle m'a demandé de communiquer en écriture automatique.
Avec ses messages, ceux de ses trente et un amis et ceux de nos guides, nous avons écrit « la vie des enfants dans l'au-delà, la loi d'Amour, l'énergie créatrice et ses manifestations ainsi que les niveaux d'évolution de la conscience ».

Puis Loreen, voyant toutes les questions que les gens posent sur les réseaux sociaux, m'a demandé d'expliquer la raison pour laquelle ils ne comprennent pas. C'est ce livre « messages des guides concernant le monde matériel », qui examine les croyances humaines.

Les vibrations de l'Ere du Verseau dans laquelle nous venons d'entrer, ont une intensité plus forte que celle des poissons que nous venons de quitter. La fréquence des énergies universelles s'est accélérée. Elles nous mettent en contact avec une énergie de conscience d'un taux vibratoire plus vif ce qui nous donne accès à des connaissances nouvelles sur la Nature divine.

Mes messagers insistent pour que nous remettions en question notre croyance en Dieu. Pour le livre « l'Energie créatrice et ses manifestations », mon guide et Loreen m'ont demandés d'écrire un chapitre concernant l'Ere nouvelle afin d'expliquer quelles en sont les conséquences.

Loreen est un guide. Elle a choisi pour mission d'expliquer la véritable nature de Dieu afin d'aider les humains à entrer dans l'Ere du Verseau en toute connaissance. Nous communiquons en écriture automatique. Des anges, guides et maîtres spirituels écrivent aussi pour l'aider dans sa mission d'information. Je suis leur porte-parole. Je ne dis rien qui vient de moi, mais d'eux. J'explique seulement. Je publie leurs messages dans les livres cités ci-dessus. Je mets tous les week-ends sur mon journal Facebook un message sur un sujet qui peut aider les lecteurs à comprendre la Nature divine et la raison de notre vie.

INTRODUCTION

Ce livre est destiné à expliquer de la façon la plus simple possible notre relation à Dieu. De bien faire la différence entre le monde matériel et le monde spirituel. De publier les messages des guides qui communiquent avec moı mais aussi des anges et maîtres spirituels qui aident Loreen.

Sur Les groupes de spiritualité, je réponds de plus en plus à des commentaires même s'ils ne me sont pas adressés. Je souhaite expliquer pourquoi je le fais. Ce n'est pas pour donner l'impression que je sais tout et que je fais une crise d'égo. Loin de moi ce comportement. D'ailleurs j'écris toujours « si je peux me permettre de dire... »

La raison en est que ma petite fille Loreen me l'a demandé pour l'aider à accomplir sa mission.

Le 18 mai 2008, elle a été renversée par une voiture. Deux jours après elle a contacté une collègue médium de sa tante. Loreen est un guide. Elle a pour mission d'expliquer la véritable Nature de Dieu. Elle parle avec sa mère en Transcommunication Instrumentale (TCI) et avec moi en écriture automatique.

Mon désir est d'être utile le plus possible à l'éveil spirituel de tous en expliquant ce que l'on me dit au sujet de la Nature divine.

Le dernier livre vient d'être édité chez Edilivre : « les niveaux d'évolution de la conscience ». Il montre qui nous sommes. Il apportera à ses lecteurs la compréhension de notre nature spirituelle. Je remercie de tout cœur les personnes qui me disent que les messages les aident. C'est le but de Loreen. Nous entrons dans l'Ere du Verseau et les nouvelles vibrations cosmiques nous poussent à une plus grande compréhension.

Message de Loreen (18/05/2024) :
« *Je peux m'exprimer par l'intermédiaire de ma mamie de la Terre. Il est grand temps que les humains comprennent la véritable nature du Divin qui est une Energie et non pas un être humain qui raisonne selon les lois de la société. Cette prise de conscience a pour conséquences que votre relation avec Dieu est différente. Elle doit s'exprimer de plus en plus de cette façon dans l'Ere nouvelle que nous venons d'entamer selon les lois vibratoires et non morales* ».

Les lois morales sont celles que les sociétés humaines ont inventées pour maintenir l'ordre et définir des sanctions. Les lois vibratoires concernent la conscience et le fonctionnement des énergies relativement à l'Amour. Dieu est une Energie. Il ne juge personne, ne punit pas et ne récompense pas car il n'a pas de mental. Il est la Conscience universelle qui possède toute la connaissance. Il n'y a pas de punitions puisqu'il n'y a aucun jugement. Le progrès spirituel est lié à la capacité de chacun à aimer, pas à ce qu'il a fait de mal.

Le premier livre que j'ai écrit est « Eveil de conscience ». Loreen me l'a demandé et aidé à l'écrire car elle disait qu'il y a de nombreux livres concernant le développement personnel, mais ils ne parlent que de l'analyse de soi, de ses défauts et des efforts à faire pour améliorer sa personnalité. Cela est la première démarche mais insuffisante, dit-elle. Les humains ont à apprendre à aimer et à comprendre qu'ils sont aussi des êtres spirituels.

Ce livre examine les trois aspects de la personnalité.

LES DEUX MONDES

LE MONDE MATERIEL ET LE MONDE SPIRUTUEL

Les énergies qui concernent la vie matérielle et la vie spirituelle sont de natures différentes. La vie sur Terre est tributaire des coutumes, des lois morales et sociales et des croyances. Les règles sont fondées sur la nécessité de vivre ensemble dans le respect des mêmes valeurs.

Le monde spirituel est pure énergie. Il fonctionne selon la loi énergétique qui dirige le fonctionnement des ondes. Dans le monde spirituel, l'âme est une pure énergie, une conscience individuelle. Le raisonnement du mental n'intervient pas puisqu'il a disparu avec le cerveau. Seuls les attributs de la conscience et le niveau spirituel que nous avons atteint persistent. Les êtres spirituels constatent, expliquent, disent ce qu'ils savent et ce qu'ils pensent en accord avec ce que leur conscience a compris. En arrivant dans l'au-delà, nous n'avons pas accès à toute la connaissance mais seulement à ce que nous savions déjà.

Vouloir expliquer la vie des êtres spirituels et le fonctionnement des lois auxquelles l'âme est soumise dans l'au-delà n'est pas possible pour comprendre dans le cas où on la compare à la vie matérielle. C'est en imaginant la vie dans l'au-delà semblable à la nôtre que l'incompréhension s'installe. Les lois humaines ne concernent que les humains dans le monde matériel. Elles ne s'appliquent pas dans le monde invisible.

Lorsque nous imaginons que Dieu vit selon nos lois sociales et morales, nous commettons une erreur de compréhension. Il n'a pas de mental car il est une Energie et il ne raisonne pas car les énergies n'ont pas de pensées. Il est la Conscience universelle, une pure énergie. En raison de cela, il ne juge pas et ne nous demande pas de comptes.

Il nous a donné le libre arbitre, la liberté de faire ce que nous voulons. Cela était nécessaire pour que nous puissions faire librement les expériences qui nous permettent d'évoluer. C'est en tirant les leçons de notre façon de vivre que nous pouvons progresser. C'est la raison pour laquelle Dieu ne dirige pas notre vie.

Ce n'est pas pour ça qu'il se désintéresse de nous. Il nous soutien en permanence par les intuitions, les sentiments et les expériences dans le but de nous aider à nous perfectionner. Mais il ne juge jamais, c'est pour cela qu'il ne punit pas et ne récompense pas.

L'âme, dans le monde spirituel, a retrouvé les capacités qu'elle ne pouvait pas manifester sur Terre à cause de la matérialité limitante du corps physique.

Les êtres spirituels communiquent entre eux par transmission de pensée. Mes correspondants de l'au-delà me disent parfois « *j'ai entendu ta pensée* ».

La pensée « voit » (ou entend) sans avoir besoin de se déplacer, par simple projection là où elle veut regarder. C'est grâce à cette aptitude que les êtres spirituels peuvent voir leur famille aussi souvent qu'ils le veulent.

L'âme a le don d'ubiquité, c'est-à-dire qu'elle peut être en plusieurs lieux en même temps et faire plusieurs choses à la fois. Lorsque ma fille fait un contact TCI avec Loreen et que je voudrais un message écrit, elle le fait en même temps.

Loreen dit que pour comprendre la vie dans le monde spirituel il faut « raisonner vibrations ». Nombre de ses amis messagers le disent aussi. Il s'agit d'oublier ce que nous savons de la vie matérielle et de raisonner selon les caractéristiques liées au fonctionnement des énergies.

Loreen a écrit ce message concernant les explications précédentes (23/10/2022) :
« *Les deux mondes sont des étapes successives de l'expression de la vie des êtres humains.*

Sur le plan matériel, l'âme fait des expériences plus ou moins difficiles selon le choix de vie que chacun fait avant de revenir sur Terre. Sur le plan spirituel, l'âme est débarrassée du poids encombrant du corps et du mental et de la proximité avec des êtres de bas niveau de conscience qui fait que les expériences sont multiples à cause de tous ces êtres de niveaux d'évolution différents.

Le monde invisible est un univers qui a pour premier avantage que chacun vit sur le plan qui correspond à son évolution spirituelle avec tous ceux qui sont dans les mêmes vibrations que lui. Donc, pas de conflits possibles. La vie est paisible car les énergies s'expriment à tous les degrés vibratoires et elles permettent une vie relationnelle harmonieuse.
L'avantage est aussi que nous vivons dans un milieu solide pour nous et nous faisons ce que nous voulons, travailler, ne rien faire, servir Dieu suivant notre évolution. Nous restons nous-mêmes, nous vous aidons, vous aimons et ici il n'y a que du bonheur. »

Les choix de vie que l'on fait sur Terre ne concernent pas les épreuves que nous aurons car nous vivrons ce que nous déciderons en toute liberté. Nous ne sommes pas dirigés par des décisions divines. Il s'agit de ce que nous avons choisi d'expérimenter de l'Amour que nous expérimenterons à travers nos relations avec autrui.

Dans l'au-delà, les êtres spirituels ne sont plus tributaires des conditions matérielles qui dispersent les centres d'intérêts à cause de tout ce qu'il faut assumer sur Terre. Il ne s'agit que d'aimer et d'aider.

Le monde matériel et le monde spirituel sont les deux expressions de l'Energie Créatrice. Pour comprendre qui est Dieu et le fonctionnement du monde spirituel, il convient de faire la différence entre les deux.

Caroline est un ange qui a écrit pour les autres livres. Elle a voulu expliquer la nature de ces deux mondes : (01/08/2024)

« Le monde matériel et le monde spirituel ne fonctionnent pas suivant les mêmes critères.

Le monde matériel est un monde solide dans lequel vivent des sociétés humaines qui ont leurs propres lois destinées à faciliter les contacts entre les individus.

Concernant la notion du Divin, les religions ont inventé un Dieu qui vit suivant les lois des hommes. Il juge, punit et récompense suivant son bon vouloir et vous avez beau dire qu'il est un Dieu d'amour, vous le faites agir comme un dictateur.

Dieu n'est pas un être à forme humaine mais une Energie. Il vit et agit selon les lois vibratoires de la physique. Il est une Energie donc il emplit tout l'Univers. L'au-delà n'a pas de matérialité. Il n'y a que des ondes.

Cela a pour conséquences que la notion de Dieu est différente.

_ Il est l'Energie de l'Amour créateur.

_Il ne vous demande pas d'être parfaits.

_Il vous demande d'apprendre à aimer et à évoluer sur les degrés de l'Amour par le bien que vous faites.

_Vous êtes des consciences individuelles qui doivent progresser vers toujours plus d'amour.

Vous comprendrez la vie de votre nature spirituelle si vous changez votre façon de concevoir Dieu. »

Notre corps physique n'est pas notre nature, il n'est pas « nous ». Il est le véhicule terrestre dans lequel notre âme, qui est notre véritable nature, vit le temps d'une vie et de vies successives, afin de faire des expériences qui nous feront découvrir les facettes de l'Amour que nous apprendrons à comprendre. En les expérimentant dans notre relation avec autrui mais aussi avec tous les êtres vivants nous leur donnons vie.

Nous sommes des consciences individuelles semblables à la Conscience divine car nous ne faisons qu'un avec elle. Il n'y a qu'une Conscience universelle. Elle est toute entière en nous mais nos consciences personnelles ne sont pas assez évoluées pour exprimer toutes les capacités de la Conscience divine. Nous la manifestons au niveau de notre compréhension de l'Amour. C'est pour notre évolution de conscience que nous vivons sur Terre.

« *Dieu n'a pas une qualité d'Amour, il est l'amour lui-même* » a écrit ma petite fille Loreen.

Il a en lui toute la Connaissance mais sous forme non exprimée. Ce qui n'est pas révélé et compris par une conscience humaine n'existe pas tant que le concept n'est pas expérimenté par des êtres vivants qui lui donnent vie.

Nous ignorons la vie des habitants de nombreuses régions, celle de nombreux animaux dont nous ne soupçonnons pas l'existence. Pour nous, ils n'existent pas. Nous les connaissons quand nous les découvrons. De ce fait, notre connaissance du monde est tronquée de tout ce que nous ignorons, elle n'est que partielle.

C'est la même chose pour les idées, pour les qualités et tous les aspects de la personnalité. Nous les découvrons grâce aux contacts avec autrui et aux expériences personnelles.

Chacun de nous fait l'expérience de l'Amour, que nous découvrons dans nos relations humaines : relations de couple, relations amicales, attitudes fraternelles, relations d'aide à autrui, amour des animaux et de la nature........

Suivant notre choix, qui est relatif à notre compréhension de l'Amour, nous utilisons les ondes positives ou négatives de l'Energie de l'Amour. Le bien que nous faisons va nous aider à enrichir notre conscience de vibrations positives et augmenter notre niveau d'évolution.

Ou bien nous utilisons les ondes négatives, lorsque nous avons des comportements contraires au bien qui nous poussent à faire du mal et qui sont un frein à notre évolution de conscience.

Le but de notre vie est d'apprendre à aimer et de mettre en évidence, par nos expériences de vie, les différents aspects de l'Amour.

Le guide Eugénie a écrit ce message pour expliquer la nature spirituelle :

« Je suis le guide Eugénie. Il faut distinguer la vie dans le monde matériel liée aux lois sociales et aux coutumes des hommes, de la vie spirituelle.

Vous êtes des êtres doubles faits d'une âme qui est une énergie éternelle et votre véritable « moi » et du corps physique qui est son véhicule pour quelques années.

Les preuves de la vie dans le monde invisible sont multiples et certaines font partie de votre vie quotidienne : les EMI, les rêves révélateurs, les signes.....

Votre âme vit dans le monde invisible comme sur Terre car rien ne change. Dans le monde des vibrations il n'y a pas de lieux, de coupures car les énergies ne peuvent pas être scindées en morceaux. Ceci fait que votre vie spirituelle est la continuité de votre vie matérielle mais au niveau spirituel.

Pour comprendre, il faut penser au niveau de l'action des vibrations et du monde invisible auquel vous appartenez.

Vous revenez sur Terre pour y faire les expériences qui vous apprendront à aimer tant que vous n'aurez pas compris que le but de la vie est d'apprendre à aimer et à progresser sur les degrés de l'Energie de l'Amour vers un niveau de conscience toujours plus haut, en vibrations. Vous êtes alors libre de revenir ou pas.

Le Divin ne vous conditionne pas. Vous évoluez suivant vos capacités ».

Nous progressons de vies en vies. Lorsque nous arrivons dans le monde invisible à la fin de notre vie terrestre, notre guide nous montre notre vie. Rien n'est oublié car tout ce que nous faisons s'enregistre automatiquement par attirance vibratoire sur les ondes de la Conscience divine, comme sur un disque dur. Nous voyons tout ce que nous avons fait. Le guide ne nous demande pas ce que nous avons fait de bien ou de mal. Il nous montre ce que nous n'avons pas compris de l'Amour à travers les erreurs que nous avons commises. Nous choisissons seul quel aspect de l'Amour nous voulons apprendre. Ce sera notre chemin de vie pour la vie suivante.

Les situations que nous choisirons de vivre nous permettrons d'apprendre ce que nous n'avons compris. La vie suivante est la conséquence de la vie précédente.

Nous sommes liés au plan terrestre car c'est ici que nous faisons les expériences qui sont celles des êtres humains. Si nous allions dans un autre monde matériel nous arriverions dans un milieu inconnu dont nous ne connaitrions pas la nature spirituelle. Le milieu vibratoire ne serait pas le même que celui de la Terre.

Pour aller sur les autres plans il faut une force énergétique très grande que seuls les maîtres spirituels très évolués possèdent. Il est possible d'y aller accompagnés par des maîtres, a écrit Loreen. Mais cela n'offre pas d'intérêt, dit-elle.

Dans le monde spirituel il n'y a pas de curiosité. C'est sur Terre que les humains veulent connaître leurs vies passées alors que cela ne sert à rien sauf dans des cas particuliers, comme comprendre pourquoi il y a des comportements incompréhensibles qui gâchent la vie.

Nous n'avons pas le souvenir de nos vies passées pour une bonne raison. Si nous devions garder des relations d'amour parental avec tous les parents proches, pères, mères, frères et sœurs que nous avons eus, ce ne serait pas possible.

Nous faisons à chaque fois des expériences différentes avec d'autres personnes. Mais toutes les situations peuvent exister. Nous pouvons retrouver certains membres de notre famille. Nous pouvons avoir envie de régler un problème relationnel et choisir d'un commun accord de vivre la relation qui permettra de le résoudre. Ce n'est pas parce que nous n'avons plus de relations familiales que nous oublions celles et ceux qui ont partagé notre vie à un certain moment. Les relations continuent si le lien d'amour existe toujours, mais ce n'est plus un lien familial.

Beaucoup de personnes font l'amalgame entre vie matérielle et vie spirituelle, mélangeant les conditions des deux. Cette erreur est la conséquence de l'ignorance des situations d'existence sur les deux plans.

Le guide Anaëlle explique cette différence : 19/09/2024.

«Vous ne comprenez pas la vie dans l'au-delà parce que vous ignorez qui vous êtes. Vous raisonnez au niveau matériel, assimilant votre nature à celle de votre corps. Le domaine vibratoire est étranger. Vous faites des suppositions sur ce que peut être la vie dans le monde invisible à partir de ce que vous savez de la vie matérielle. Vous voyez Dieu comme un être humain qui a les mêmes

pensées que les vôtres, qui obéit aux mêmes lois sociales et morales que vous connaissez.

Pour comprendre, vous devez apprendre que vous n'êtes pas des corps matériels, car le corps n'est qu'un véhicule « solide » pour abriter votre être spirituel qui est l'âme. Vous êtes des énergies comme Dieu lui-même. Le monde de l'au-delà n'est qu'énergie. Dieu est une Energie, une onde électromagnétique intelligente et consciente dont la nature est l'Amour.

Partant de cette connaissance, c'est tout un travail de compréhension qui s'impose :

_ Dieu est une Energie, l'Energie universelle.

_ Nous sommes nous aussi des énergies et les relations s'expliquent par les lois de la physique et non par les lois matérielles des humains.

_ Pour comprendre, il est nécessaire de changer votre point de vue. Les explications relatives aux énergies sont différentes de celles du monde social. Vous ignorez votre véritable nature, c'est pour cela que vous ne comprenez pas la vie terrestre et la vie spirituelle.

_Dieu ne prend aucune décision puisqu'il est une Energie. Il n'a pas de mental et il ne raisonne pas. Il fonctionne suivant les lois énergétiques.

C'est pratique de le rendre responsable de vos malheurs alors qu'il ne s'occupe pas de votre vie. Cela *empêche de prendre ses responsabilités. Hélas, vous êtes responsables de tout ce qui vous concerne. Vous seuls. Vous en trouverez l'explication dans ce livre.*

Pensez Energie d'Amour.
_Suis-je dans l'Amour ? C'est la seule chose importante pour Dieu. Il est lui-même l'Amour créateur. Il est logique que son seul souci soit la façon dont vous savez donner de l'Amour. Il n'y a qu'une seule Energie d'Amour. Nous en faisons partie.

Vous voyez qu'il n'y a qu'un seul monde d'Amour, que l'Amour donné s'ajoute à l'Amour divin et à l'Amour de chacun.
Dieu progresse et vous aussi. C'est pour cela que l'Amour et le bien sont utiles à tous et indissociables».

Nous commettons des erreurs de compréhension par ignorance. Nous voulons expliquer Dieu au niveau de la vie matérielle, lui prêtant les attributs des humains alors qu'il est une Energie et que c'est en « raisonnant vibrations », dit Loreen que se trouve la clé.

Ce qui provoque l'incompréhension de la nature de l'âme, en particulier, est l'ignorance que tout est vibrations. Tout est ondes, énergie. La plupart des gens raisonnent en prêtant à l'âme les caractéristiques du domaine matériel : Comment se fabrique-t-elle ? D'où vient-elle ?

Pour comprendre comment le monde spirituel fonctionne, il faut garder présent à l'esprit qu'il n'existe que des vibrations (ondes, énergies) et que le fonctionnement de l'âme, de la conscience, de la pensée et même de l'Amour dépendent des lois vibratoires et n'ont pas de comparaison possible avec les lois du monde matériel.

Les lois du monde matériel que les humains ont inventées concernent les relations des hommes les uns avec les autres. Elles sont en accord avec la notion du Divin que les religions on enseignées et qui ne sont basées sur une mauvaise compréhension de qui est Dieu car non conformes à sa Nature.

Pour comprendre, nous avons à faire un « nettoyage mental ». Rejeter ce qui est faux, en particulier que Dieu nous juge et nous punit comme le font les hommes, suivant sa propre évaluation de nos mérites. Dieu est une Energie et les énergies ne pensent pas. Les énergies terrestres que vous connaissez, l'électricité, les ondes telluriques, les ondes radio.....ne pensent pas. Elles agissent en fonction de leur spécificité qui dépend de leur fréquence vibratoire.
Les énergies spirituelles obéissent aux mêmes lois. Elles ne pensent pas. Elles ne prennent pas de décisions.
L'Energie universelle ou Energie divine est une conscience, la Conscience universelle.

Le guide Emmanuelle, explique la différence qu'il y a entre les pensées humaines et la Pensée divine. 21/09/2024 :

« Les énergies ne pensent pas. Alors Dieu n'a-t-il pas de pensées à transmettre ? C'est pourtant lui qui communique par intuition et qui explique aux humains ce qu'ils doivent comprendre pour réussir ce qu'ils désirent.

La Pensée divine n'est pas celle des hommes, qui réfléchit, pèse le pour et le contre et fait mille suppositions. Dieu n'a pas besoin de réfléchir. Il est la Pensée pure sans tribulations. Il émet une pensée issue de sa Conscience et il la transmet. Il n'a pas besoin de l'analyser.

Les pensées de Dieu ne subissent aucune analyse. Elles sont ce qu'elles sont dans la Conscience divine. Il explique ce qu'il veut que vous compreniez mais ce n'est pas le mental qui transmet car il n'en a pas. C'est la Conscience.

La pensée humaine, comme je viens de le dire, est soumise à l'analyse du mental.
La Pensée de Dieu ne dépend de rien d'autre que de la Conscience dont elle exprime ce qu'elle veut dire. Il n'y a pas d'intermédiaire mental ».

Bien que ce soit lui qui ait inventé les lois vibratoires afin que le monde spirituel et le monde matériel soient cohérents, Dieu ne se situe pas en dehors de sa création.

Il en fait partie. Il se conforme aux lois qu'il a créées. Il n'y a pas Dieu et sa création.

La création fait partie de Dieu. Si elle n'en faisait pas partie, le monde manifesté n'existerait pas car rein ne peut exister en dehors de l'Energie de l'Amour qui a donné naissance au monde matériel. Dieu est le créateur et aussi la création. Il est entièrement dans tout ce qui est.

En comprenant cela et en apprenant à « raisonner vibrations », nous avons accès à une compréhension juste de la Nature divine. Le « flou mental » que beaucoup connaissent est la conséquence de leur ignorance de la véritable Nature du Divin.

Dieu demande que nous progressions sur les degrés de l'Energie de l'Amour par le bien que nous faisons. Notre ouverture spirituelle augmente et nous pouvons mieux comprendre la Nature divine. Nous avons accès à un niveau de conscience supérieur. La compréhension devient plus claire.

Cela implique de rejeter ce qui nous paraît invraisemblable. Loreen dit que le seul mérite de la religion est de parler de l'Amour divin, que le Christ a essayé d'enseigner. Il communique pour expliquer ce qu'il a fait « du temps où il s'appelait Jésus » et pour expliquer la Nature divine, en tenant compte de l'évolution des consciences depuis deux mille ans.

Message de Loreen pour expliquer sa mission au service de l'Amour : 21/09/2024 :

« Je sais que beaucoup de personnes très catholiques ne sont pas d'accord avec ce que je dis. Elles pensent que je suis « diabolique » parce que je contredis la religion et que je dois être à la solde de Satan. Satan n'existe pas et ces gens-là vivent dans la peur de Dieu. C'est leur droit. Mais c'est leur vérité. Ce n'est pas la Vérité divine, la Réalité. Quoiqu'elles pensent, elles ne peuvent pas empêcher la véritable Nature de Dieu qui est une vibration.

Je ne fais que dire ce que Dieu me demande de transmettre car il m'a donné pour mission d'expliquer sa véritable Nature aux humains même si leurs réactions sont vives. C'est mon devoir de vous aider à comprendre.

Toutes les personnes qui me suivent auront l'opportunité de voir la vérité du Divin et elles évolueront sur les degrés de l'Amour vers un niveau de conscience plus élevé qui leur donnera accès à de nouvelles connaissances et une nouvelle compréhension.

Je ne suis pas opposée à Dieu, seulement au Dieu humanisé par les pères fondateurs de la religion. Ils ont fait de lui, qui est tout Amour puisqu'il est l'Energie de l'Amour, un Dieu implacable et cruel puisqu'il peut faire souffrir ses enfants spirituels éternellement. Aucun père ne ferait cela à ses enfants.

C'est pourquoi je vous demande de raisonner de façon logique et d'oublier la peur de Dieu.
Je ne donne que des messages d'Amour, rien de mes propos ne se réfère au mal qui est le lieu de vie des êtres néfastes, méchants et pire encore. Je ne parle que de la façon de vous aider à comprendre l'Amour de Dieu. Je suis un guide, messager de Dieu et je veux assumer mon devoir ».

Quand Loreen dit *« toutes les personnes qui me suivent »,* elle veut dire toutes celles qui accepteront de comprendre que Dieu est une Energie. Sa mission est de l'expliquer. C'est une « mission d'information ». Chacun doit accepter ce qui correspond à sa compréhension car chacun a sa façon de comprendre Dieu. L'essentiel est vivre en accord avec ses convictions.

Dans le livre « l'Energie créatrice et ses manifestations », je parle de l'Ere du Verseau dans laquelle nous entrons progressivement. Loreen, mes guides et des êtres spirituels évolués expliquent que les vibrations universelles se sont accélérées. Les scientifiques l'ont observé en constatant que l'emplacement des planètes au solstice d'été n'était plus le même.

L'énergie cosmique a une fréquence plus vive et des conséquences sur le monde matériel et sur les ondes spirituelles. Au niveau matériel nous voyons les changements du climat et du temps car les saisons ne se comportent plus de la même façon. Nous accusons le réchauffement climatique d'en être l'origine. Il a certainement un rôle qui va changer les conditions de vie sur la Terre, mais ce n'est pas le premier changement de l'histoire de la planète et la flore et la faune se sont adaptées. Des espèces ont disparues et d'autres sont apparues.

La violence des cataclysmes de toutes sortes a augmentée. Les catastrophes naturelles sont de plus en plus destructrices. Cela est la conséquence des transformations vibratoires de l'Univers et nous ne pouvons pas les empêcher mais sûrement trouver des solutions pour les minimiser.

Au niveau spirituel, l'accélération des vibrations fait que le niveau de Conscience augmente et nous met en relation avec des pensées plus élevées. Nous comprenons mieux qui est Dieu. Les messagers disent que si nous évoluons vers les connaissances auxquelles nous avons accès, notre vie sera de plus en plus profitable car les ondes que nous génèrerons auront une forte intensité positive.

A l'inverse, les sceptiques et tous ceux qui refuseront de comprendre auront de plus en plus de difficultés pour la même raison, c'est-à-dire qu'ils produiront des ondes négatives de forte intensité. Ils génèreront des vibrations contraires au bien, et leurs difficultés augmenteront, toujours pour une raison de fréquence vibratoire. Personne n'y peut rien. C'est l'évolution cosmique. Toutes les énergies sont amplifiées.

Message de Loreen (18/05/2024) :

« Je peux m'exprimer par l'intermédiaire de ma mamie de la Terre. Il est grand temps que les humains comprennent la véritable nature du Divin qui est une Energie et non pas un être humain qui raisonne selon les lois de la société. Cette prise de conscience a pour conséquences que votre relation avec Dieu est différente. Elle doit s'exprimer de plus en plus de cette façon dans l'Ere nouvelle que nous venons d'entamer selon les lois vibratoires et non morales ».

Les lois morales sont celles que les sociétés humaines ont éléborhées pour maintenir l'ordre et définir des sanctions. Les lois vibratoires concernent la conscience et le fonctionnement vibratoire relativement à l'Amour, qui est Dieu. Il n'y a pas de punitions puisqu'il n'y a aucun jugement. Le progrès spirituel est lié à la capacité de chacun à aimer, pas à ses erreurs.

Plus les vibrations de notre conscience sont rapides, plus nous sommes en harmonie avec un degré de la Conscience divine évolué.

Nous ne faisons qu'un avec le Divin. Nous sommes «comme Lui ». Toutes nos pensées, paroles et actions négatives freinent notre évolution. Plus nous avons un taux vibratoire de conscience élevé, plus nous sommes connectés à un degré évolué de la Conscience divine. Nous oscillons dans un mouvement de « plus » ou « moins » d'élévation spirituelle en fonction du bien que nous faisons ou du mal.

Message de Loreen du 07/09/2024 :

« Je vois bien que les gens ignorent la Nature divine. Ils pensent morale et Dieu dictateur, être humain alors qu'il n'est rien de tout cela. Dieu est une Energie. Ce n'est que lorsque les humains auront admis qu'il n'est pas le Dieu des religions mais une Energie, l'Energie créatrice dont la nature est l'Amour, qu'ils cesseront d'être dans le doute et qu'ils arrêteront de souffrir à cause de leur peur des punitions divines.

On se demande bien ici comment les humains n'ont pas plus de bon sens pour comprendre que l'on vous dit que Dieu est tout Amour mais qu'il est un juge intraitable qui punit très sévèrement. Ça ne va pas ensemble.

Essayez d'enlever votre peur et votre croyance naïve, car on vous l'a dit, que Dieu punit.

Pensez vibrations et vous aurez vite fait de comprendre cette chose simple : Vous êtes connectés à la Conscience divine au niveau de votre évolution de conscience. Pas de punitions mais des états de conscience plus ou moins évolués en fonction du bien et du mal que vous faites.

Si vous voulez parler en termes de punition, elle serait de stagner sur les Energies de l'Amour. Mais c'est l'application d'une loi de la physique, pas de la morale.

Et c'est tout. Très simple à comprendre. Seul l'Amour compte, celui que vous partagez avec autrui et avec Dieu. Cela est peu de choses à intégrer et à appliquer : Aimer, faire du bien, tout simplement. Il y faut un peu d'application mais c'est très facile de réfléchir avant d'agir pour ne pas se tromper ».

Comme le Divin, nous sommes des Energies d'Amour. Il n'y a qu'une seule Conscience, la Conscience universelle dont les consciences individuelles font partie. Les consciences individuelles que nous sommes ont en elles toute la Conscience divine car elle est une énergie et que les énergies ne peuvent pas se partager. Nous n'en comprenons et n'en exprimons que ce qui est accessible à notre compréhension. En progressant sur les degrés de l'Energie de la Conscience, nous avons accès à plus de connaissances et nous évoluons.

Si nous sommes attachés à la notion de récompense, nous pouvons dire que notre progrès spirituel, grâce au bien que nous faisons, est la récompense que nous nous donnons à nous-même.

Margot, messagère, explique l'action des Energies créatrices sur le plan terrestre et sur le plan spirituel, dans un message du 17 octobre 2021 :

« Je vais essayer de parler de la nature vibratoire de la création et aussi des ondes matérielles, enfin des Champs de Force qui gouvernent les ondes du monde manifesté. Ces ondes sont celles de Dieu dans une expression plus lente donc plus simple que les ondes spirituelles. Elles sont dans l'Amour puisque rien n'existe en dehors de lui mais elles s'expriment au niveau primaire de la Force d'Amour.

Ses premières manifestations sont assez élémentaires si on peut dire. Ces ondes n'ont pas une grande force énergétique et elles concernent la structure des éléments physiques qu'elles organisent. Ainsi les hommes ont découvert les ondes telluriques, l'électricité et le magnétisme. Ils les ont étudiés et ils en connaissent les caractéristiques. Elles sont accessibles à la compréhension ou l'acceptation. Vous en voyez les effets lorsque vous vous placez sous un dolmen ou sur une cheminée tellurique. Les arbres qui poussent à ces endroits-là poussent de travers penchés sur le côté. Bien que vous ne voyiez pas les ondes électriques vous en voyez l'usage et il ne vous viendrait pas à l'idée de les contester.

Les ondes spirituelles sont celles qui sont perceptibles dans l'au-delà bien qu'elles soient aussi sur Terre. Ce sont celles qui se situent au niveau de l'âme et qui ont une application sur les ondes de la conscience, de la pensée et de l'amour. Cette partie des ondes spirituelles n'est pas perçue par la plupart des humains et même par le plus grand nombre. Bien que tous sachent que la pensée existe, peu se demandent d'où elle vient et quelle est sa nature.

C'est dans le monde invisible que nous percevons les vibrations de l'Amour et que nous le découvrons. On est bien obligés de le sentir puisqu'il est notre environnement et on sait bien que c'est l'Amour. La différence vient de la compréhension que chacun en a suivant les plans d'existence car il faut comprendre que cet Amour est Dieu. »

Chaque niveau spirituel correspond à un état de conscience qui lui est propre. Notre âme est en harmonie avec celui qui vibre à la même intensité qu'elle. Nous appartenons au Niveau de Conscience qui correspond à ce que nous sommes capables de comprendre de l'Amour. C'est la raison pour laquelle il existe de nombreux plans de conscience.

L'évolution est perpétuelle. Elle ne se limite pas aux expériences de notre vie terrestre. Dans le monde invisible, nous restons nous-mêmes et nous continuons à faire des expériences qui nous enrichissent.

Les énergies du niveau matériel et du monde spirituel sont une seule et même vibration mais elles ont une action différente suivant leur fréquence.

Céline, messagère, explique leur action sur les deux plans, dans un message écrit le 17 octobre 2021 :

« Pour comprendre qui est Dieu, il est nécessaire de penser « vibrations » comme le dit Loreen. Il n'existe que cela. Sur la Terre aussi puisque ce sont les énergies de la Force Créatrice qui permettent d'assurer la cohésion et l'adhésion des éléments matériels sans quoi il n'y aurait pas de monde physique. Ce sont les ondes de l'Esprit qui assurent cela. Le monde matériel est soumis aux ondes cosmiques comme le monde spirituel.

Cependant sur Terre on ne sent pas les ondes, je veux dire au quotidien. Pourtant on en parle lorsque l'on dit qu'il y a de l'électricité dans l'air. Les Ondes Créatrices se manifestent dans le monde physique par les énergies du plan terrestre qui viennent du soleil et celles qui viennent de la Terre et c'est la rencontre de ces deux énergies complémentaires qui produit la vie des corps physiques.
Ces énergies s'expriment à tous les niveaux vibratoires. Elles commencent par onduler lentement et

de plus en plus vite à tous les taux vibratoires, et il arrive un moment où elles sont plus vives que celles qui sont nécessaires au monde matériel.

Elles sont alors des énergies spirituelles qui correspondent à la nature spirituelle des êtres vivants. A ce niveau-là on commence à sentir l'Amour dont elles sont faites. Cette évolution se poursuit dans le monde invisible, faisant évoluer les âmes vers plus de compréhension de la Nature de Dieu.

Elles sont aidées dans cette compréhension par leurs séjours sur Terre où elles font les expériences nécessaires à cette prise de conscience. Elles y séjournent pour découvrir l'amour et le manifester ce qui les fait évoluer. Voilà le processus créatif de la Conscience Divine qui vous met, et nous aussi, en situation de toujours mieux comprendre qu'elle est la vibration d'Amour. »

Les ondes du Champ de Force créateur se manifestent à tous les taux vibratoires, du plus bas au plus élevé. Le plus bas se manifeste par des ondes presque « plates » et lentes. Ces vibrations correspondent à celles du monde matériel : ondes telluriques, électriques, magnétiques, nucléaires......

Le plan invisible commence lorsque la fréquence des ondes est trop forte pour qu'elles soient perçues dans le monde physique par les sens. Elles sont alors des ondes spirituelles, au taux vibratoire rapide et de faible amplitude et très « pointues ».

Bien que l'Amour soit la nature énergétique de l'Univers, les êtres vivants ne le ressentent qu'à partir d'un certain niveau d'évolution de la conscience. L'évolution spirituelle des êtres humains est liée à l'amour qu'ils ont donné dans les vies passées, en fonction du bien qu'ils ont fait.

Loreen a écrit : « *il n'y a qu'un seul monde mais vous n'en voyez que la moitié.* »
Il n'y a pas de séparation, nous appartenons aux deux plans : le matériel et le spirituel. L'un et l'autre sont nécessaires à notre vie. Sans corps physique, l'âme ne pourrait pas faire les expériences utiles à l'évolution de sa conscience. Le corps physique seul ne pourrait pas exister car sans conscience il ne saurait pas qu'il existe et sa vie n'aurait aucun sens.

La vie sur le plan terrestre est soumise aux lois sociales, nécessaires pour définir les droits de chacun afin de donner des consignes qui limitent les dérives. La morale impose ses règles de vie. Les lois juridiques protègent les individus.

La vie sur le plan spirituel n'est plus matérielle. Le monde invisible est uniquement vibratoire. Il est dirigé par les lois qui régissent le monde des énergies. L'âme, libérée de son corps physique, est une pure énergie, une conscience individuelle et sa vie sur Terre n'existe plus. C'est sa vie passée. Seul perdure l'amour qui reliait les personnes qui s'aiment.

Dans l'au-delà, l'âme vit selon les lois énergétiques du monde spirituel et non plus selon les lois que les hommes ont inventées. La façon de vivre sur Terre, les coutumes, les règlements qui définissent les relations entre les individus, ne s'appliquent pas dans le monde invisible. Il convient de changer sa façon de penser pour comprendre le fonctionnement du monde spirituel.

Le guide Anaëlle a écrit ceci :
« *Vous essayez d'expliquer la relation avec le Divin à travers les lois humaines, avec des jugements de valeur liés à votre notion du bien et du mal. Le bien est bon pour vous et le mal porte tort. Cela est vrai sur le plan humain, celui des relations que les humains ont entre eux. Mais le bien et le mal n'ont aucune valeur au niveau énergétique. Ils n'existent pas.*

Vous comprendrez la vie spirituelle si vous oubliez les lois des hommes qui sont arbitraires et si vous comprenez comment fonctionnent les fréquences vibratoires : plus vos pensées sont fortes, plus elles vibrent sur une haute fréquence et plus elles ont des chances de s'accomplir. Cela est vrai dans le monde matériel puisque nous vous disons qu'il faut avoir des pensées fortes, déterminées, pour que vos souhaits se réalisent, c'est-à-dire pour que les vibrations de pensée que vous envoyez lors de vos demandes d'aide soient fortes et s'imprègnent fortement sur les ondes de la Conscience universelle.

En ce qui concerne les relations entre les êtres spirituels, c'est le niveau vibratoire de votre conscience qui vous rend compatible avec le niveau vibratoire des autres.
Vous pouvez contacter les membres de votre famille, vos amis. S'ils sont sur le même niveau d'évolution de conscience que vous, vous vous voyez comme vous le voulez. Celui qui vit sur une fréquence vibratoire reçoit la visite de celui qui est plus évolué car il peut abaisser son taux vibratoire jusqu'au vôtre mais vous, vous ne pouvez pas aller plus haut que le vôtre.

Tout est lié à votre compréhension du Divin. C'est pour cela qu'il est important d'évoluer en conscience pour « se fondre » de plus en plus dans les Vibrations divines.
Vous voyez qu'il n'y a aucune relation avec la façon dont vous vivez sur Terre qui est un monde de moralité, de jugement, de droits ou non. Ici, c'est une question de connexion à Dieu ».

Des énergies différentes ou d'intensités différentes animent la vie de la Terre et la vie spirituelle. Celles que nous connaissons et d'autres que nous ignorons. Chacune agit selon sa spécificité, liée à la fréquence vibratoire qui est la sienne. La différence de taux vibratoire fait qu'elles ne peuvent pas se mélanger.

Sur Terre, les ondes telluriques agissent différemment les unes des autres. Le rayon Hartmann est le plus influent. Ces énergies sont nécessaires pour entretenir la vitalité du monde matériel. Les ondes radio, électriques, magnétiques, nucléaires…. ont également une action particulière à chacune d'elles. Les ondes radio ne se mélangent pas à cause de leur différence d'intensité. C'est ce qui nous permet de capter un grand nombre de chaînes audio et vidéo.

Nous pourrions faire une comparaison avec les liquides non miscibles. Si nous mettons de l'huile dans un verre d'eau l'huile et l'eau ne se mélangent pas car elles n'ont pas la même densité. La différence de densité a également pour conséquence que l'eau du Gulf Stream qui est de l'eau douce ne se mélange pas avec l'eau de mer qui est salée.

Les énergies sont dirigées par des lois mathématiques immuables qui agissent toujours de la même façon. Toute cause produit un effet et une même cause a toujours la même conséquence.

Les lois n'ont pas de pensée. Les énergies non plus. Elles agissent conformément à leur programme, déterminé par leur fréquence vibratoire. Elles ne sont pas intelligentes. Le champ de force créateur, qui est la Conscience universelle, est intelligent ainsi que le champ de force de l'Esprit qui est l'Energie de la Conscience.

A un niveau supérieur, la fréquence des vibrations de l'Energie Universelle est illimitée. Elle a donné naissance à l'Univers. D'après les scientifiques quantiques, elle-même est soumise aux lois mathématiques. Ils reconnaissent l'existence d'une Force Primordiale préexistante à la Création.

Les lois, fondées sur des théorèmes mathématiques très précis que les chercheurs découvrent progressivement, organisent les éléments matériels de façon cohérente. Les astronomes mathématiciens quantiques affirment que pour que l'univers soit si bien organisé, il faut qu'une Intelligence supérieure les ait agencées de façon cohérente afin qu'il n'y ait pas la moindre erreur.

Le but du Divin est de répandre l'Amour dans tous les mondes habités pour que l'amour que nous donnons s'ajoute au sien et le fasse grandir en puissance vibratoire. Ce sont les expériences de la vie des hommes qui permettent à l'Amour de se manifester sous toutes ses formes.

Chacun le vit à sa façon et le manifeste selon sa compréhension. Pour lui donner une existence, il fallait qu'il soit vécu. Tout ce que nous faisons est tributaire de la faculté de chacun à le comprendre. Lorsque nous le vivons nous lui donnons vie. Il est accessible à tous car les pensées des uns et des autres s'interfèrent.

La vie vient de la Volonté divine de créer un monde matériel dans lequel des êtres vivants pourraient exprimer dans leur vie les différentes facettes de l'Amour en les révélant.

Loreen a écrit ce message pour expliquer l'origine de la vie :

« *Tu veux savoir qu'elle est notre relation à Dieu au sens profond. La Conscience divine s'est développée progressivement lorsque les forces électriques et magnétiques ont pu s'exprimer séparément, donnant naissance à deux natures différentes, l'électricité, force active et le magnétisme, force passive, complémentaires.*

Dans la Nature divine précédente à la Création, il y avait potentiellement tout ce qui s'est mis en place pendant des milliards d'années. Les êtres humains faisaient partie de la nature d'Amour de l'Energie primordiale.

En ce sens, ils n'ont pas été créés mais seulement manifestés de façon indépendante lors de la création. Je veux dire les consciences humaines. Il faut distinguer la création matérielle des corps physiques et la manifestation de la conscience dans les êtres vivants. Seuls les corps sont devenus ce qu'ils sont au cours des transformations génétiques pendant de longues périodes.

En se manifestant dans les corps, la Conscience divine s'est individualisée en consciences individuelles qui sont celles de chacun de nous. Devenues indépendantes, ces consciences ont dû commencer leur ascension à partir de peu de connaissances car elles n'avaient pas la puissance vibratoire de la Conscience universelle. Elles ont oublié d'où elles venaient et qui elles étaient.

La vie dans le monde matériel a pour but de leur faire retrouver cette mémoire oubliée et de comprendre qu'elles sont des énergies d'amour au même niveau que l'Amour primordial puisqu'elles ne font qu'un avec lui.

C'est pour cela que les consciences individuelles issues de la grande Conscience universelle ont à retourner à leur nature première en progressant sur les niveaux, les échelons de l'Amour toujours plus incluses dans l'Amour divin. »

Les âmes humaines existent depuis toujours. Notre âme n'a pas été créée par le Divin. Nous étions en lui bien avant la manifestation de la Création, de toute éternité. Il n'y a pas Dieu et nous mais une seule Energie originelle d'où tout le monde matériel est issu. Nous sommes lui-même au niveau spirituel.

Le guide Eugénie explique pourquoi le Divin n'intervient pas lorsque nous prenons des décisions (22/12/2024) :

« Tu te poses la question de savoir si, lorsque les hommes prennent de mauvaises décisions, on peut dire que c'est aussi la décision divine. Oui, car il ne prend pas de décisions personnelles. C'est toi qui les prends et il ne s'y oppose pas. Cela tient au fait que pour le Divin le bien et le mal n'existent pas. Il existe seulement des états de fait sans jugement car cela serait une appréciation mentale ce que Dieu ne fait pas.

Ta liberté est entière. Dieu n'approuve pas ou ne désapprouve pas ce que tu décides. Il le réalise par action vibratoire de sa Pensée sans faire intervenir la moindre réflexion. C'est une action vibratoire de physique par l'application de la loi vibratoire des énergies ».

Si Dieu prenait des décisions, il se comporterait comme les humains qui réfléchissent pour les prendre. Il n'a pas de mental, pas de réflexions mais une connexion vibratoire par harmonie de notre pensée avec la sienne, en application des correspondances énergétiques.

Le Divin a créé des lois physiques dirigées par des théorèmes dont les lois découlent dans le but d'organiser la création matérielle de façon cohérente. La Conscience et tout ce qui concerne les énergies spirituelles font partie de lui. Lors de la première naissance, les humains deviennent indépendants et chacun manifeste la Conscience divine au niveau de sa capacité à comprendre.

Dieu est en chacun de nous entièrement. Nous n'en avons pas conscience tant que nous ne nous posons pas de questions sur la raison de notre existence.

L'évolution spirituelle n'est pas liée à la croyance, mais à l'amour que nous donnons, au bien que nous faisons. Nous évoluons sans le savoir lorsque nous avons des attitudes positives. Les comportements négatifs, mauvais, nous empêchent de progresser.

Les âmes humaines sont éternelles puisqu'elles sont de pures énergies. Elles font des séjours terrestres pour vivre des expériences destinées à leur faire retrouver « la mémoire » de leur origine et s'élever vers l'Amour.

Nous sommes à l'image de Dieu.

La Genèse dit : *« Dieu créa l'homme à son image ».* Donc les hommes ont pensé que Dieu était semblable à nous. Qu'il a un corps physique et que ses pensées sont les mêmes que les nôtres. Qu'il se met en colère, qu'il sanctionne, qu'il récompense et qu'il vit selon les lois des hommes. Il leur était impossible d'imaginer qu'il puisse exister une autre nature que celle qui est physique et visible. C'est à cause de cette interprétation erronée que la nature de Dieu a été mal comprise.

Raphaël, messager, explique que « *Les premiers hommes ne pouvaient pas comprendre la nature de Dieu et ce n'était pas possible de leur expliquer. C'est pour cela, me semble-t-il, que les textes anciens sont exprimés dans un langage hermétique pour les fidèles du judaïsme, avant la venue de Jésus. Il y avait des récits qui ne correspondaient pas à qui est Dieu comme le fait de mettre à l'épreuve la fidélité des hommes comme un roi le ferait. Toute cette erreur a eu des conséquences dramatiques sur les religions monothéistes* ».

Il y a eu dans l'Antiquité des hommes éclairés qui avaient compris qu'il existait un autre univers que le monde matériel. C'étaient les Sages, les Prophètes, les grands philosophes et chercheurs tels que Socrate, Platon, Pythagore parmi les plus connus. Ils avaient étudié dans les écoles de mystère égyptiennes pendant de nombreuses années, entre quinze et vingt-cinq ans et ils avaient acquis une connaissance scientifique et philosophique de haut niveau.

Philippe, qui est un messager, dit que « *Personne, même les Sages et les Prophètes ne savaient qu'il est une Energie. Ils avaient compris qu'il y avait une autre « Matière Divine », si on peut dire, impalpable et invisible mais ils ne pouvaient pas l'expliquer.* »

Les énergies ont été mises en évidence par les scientifiques à la fin du XIX ième siècle. La première communication TCI a eu lieu par hasard en 1929. Depuis les contacts n'ont fait que s'affiner, en TCI, en écriture automatique et en médiumnité.

Caroline précise *que « La science et la religion doivent arriver à ne faire qu'un car il n'y a qu'une seule vérité et cette vérité nous explique qui est Dieu. Tous ceux qui réfutent cela n'ont pas conscience que s'ils ne le comprennent pas c'est que leur conscience n'est pas prête à l'accepter. Il convient alors de ne pas juger »*.

Loreen veut expliquer que Dieu est l'Energie Créatrice, une onde qui est en relation avec tous les êtres vivants. C'est ce qui explique qu'il peut tout savoir sur chacun de nous. Sa Conscience est en contact avec la conscience de chacun de nous car elles sont de la même gamme d'ondes, ce qui fait qu'il n'y a qu'une seule énergie de la Conscience et que nous sommes inclus en elle. C'est la même chose pour l'Energie de l'Âme, celle de la Pensée et celle de l'Amour.

Loreen : *« Dieu est une énergie qui a donné vie à tout ce qui est dans le monde matériel et dans le monde spirituel. Une énergie n'est pas limitée. Elle occupe tout l'espace. C'est une Energie consciente, c'est une Âme qui a une Conscience, elle a conscience de tout. C'est pour cela que les milliers d'êtres humains ne lui posent aucun problème puisque l'Energie Créatrice est partout ».*

Nous sommes à l'image « spirituelle » de Dieu, de la même nature énergétique.

Nous avons un rôle bien défini dans la création.

Les ondes que nous générons par notre façon de nous comporter, la façon dont nous donnons du bonheur à notre famille et tout le bien que nous faisons autour de nous sont des ondes d'Amour. Elles s'ajoutent les unes aux autres.

Les degrés vibratoires de l'Energie de l'Amour commencent au plus bas et sont de plus en plus énergétiques jusqu'à l'infini. L'évolution est permanente car l'Amour grandit sans arrêt, enrichi de toutes les ondes d'amour des êtres vivants qui le manifestent par leurs sentiments et leurs comportements. Le moindre bien que nous faisons est de l'amour, même épargner la vie d'un insecte. De ce fait le progrès de l'Amour ne s'arrête jamais.

L'un des buts de notre vie est d'apprendre à aimer, pour progresser nous-mêmes et pour répandre le bonheur sur la Terre. Nous pouvons dire que notre seul objectif spirituel est d'aimer.

Message de Loreen du 16/03/2024 :

« *Maintenant, les manifestations de l'Amour, qui est une énergie, se font différemment à chacun de ses taux vibratoires. Chaque niveau vibratoire de l'Amour a une expression qui lui est propre et qui est en accord avec ce que les consciences individuelles sont capables de comprendre de la Réalité divine et capables de donner.*

Au niveau de l'Univers et de son état d'Amour, se trouve l'expression universelle d'une Energie d'Amour qui soutient la vie de tout le cosmos en lui donnant la force vitale nécessaire à son existence. Nous vivons dans les vibrations de l'Energie du Champ de force vitale qui soutient toutes les existences.

Dans ce bain d'Amour que les humains doivent comprendre au-fur-et-à-mesure de leur évolution spirituelle, s'expriment tous les degrés de l'Amour qui correspondent à des niveaux de conscience bien définis : le non-amour qui ne nourrit pas les individus de ce plan car ils ne le connaissent pas. L'Amour partagé ensuite grâce aux sentiments et aux ressentis qui provoquent les comportements de chacun suivant le niveau d'évolution de la conscience.

L'Amour est toujours lié aux sentiments, qui lui permettent de s'exprimer. C'est la manière de le faire qui est différente pour chacun.

L'Amour inconditionnel a pour action d'envoyer des ondes positives, de la Lumière blanche à quelqu'un ou à tous pour qu'elle illumine leur conscience et leur donne plus de force pour agir dans le bien ».

Loreen parle de la Lumière blanche qui est le rayon de Dieu. Mais tous les archanges ont un rayon qui leur est spécifique, de la couleur qui correspond à la nature de leur compétence.

Chacun de nous est en harmonie vibratoire avec la fréquence de l'Energie de l'Amour qui a la même vitesse de propagation que celle de notre conscience. Les ondes s'harmonisent par attirance et se confondent car elles sont de la même nature.

Chaque niveau de compréhension véhicule une expression particulière de l'Amour. Les niveaux de conscience ne sont pas les mêmes chez tous les individus. Ils dépendent de la capacité à vivre l'Amour au quotidien et à le comprendre. Plus nous faisons du bien, plus notre conscience vibre sur un taux élevé qui nous connecte à un degré vibratoire supérieur à celui que nous avions auparavant.

Nous sommes des êtres divins à l'égal de Dieu car nous avons toutes les qualités spirituelles qui sont les siennes. Cela est la conséquence du fait que nous soyons une seule Energie. Si nous sommes à son égal

« potentiellement », nous avons à devenir « lui » réellement. Cela suppose que notre conscience évolue en connaissances vers la réalisation de soi en tant qu'être divin.

Cela peut laisser perplexe, voire paraître prétentieux pour les personnes qui pensent que nous sommes inférieurs à Dieu. Cette notion d'infériorité est liée à des pensées que existent seulement dans le monde matériel. Nous sommes des énergies et le Divin aussi. Notre relation est vibratoire et dans le monde des énergies il n'y a pas d'évaluation mentale ni de morale. Dieu est la perfection et nous devons évoluer dans ce sens par notre comportement grâce au bien que nous faisons et à l'amour que nous donnons.

Nous avons à progresser vers la Nature divine afin de nous identifier à elle au maximum de ce que nous sommes capables de comprendre. Au fur et à mesure que nous avons des comportements positifs, liés au bien, la fréquence des ondes de notre conscience s'accélère et elles nous connectent à un niveau de compréhension supérieur à celui que nous avions.

Pour manifester les capacités vibratoires de Dieu, nous devons les connaître afin de les utiliser en toute conscience. La loi d'attraction fait que toute cause produit un effet. Elle fonctionne suivant les attirances vibratoires. Un émetteur (une pensée par exemple) envoie une impulsion qui se déplace sur un conducteur, (l'énergie universelle), vers un récepteur qui l'enregistre, (la Conscience divine).

Pour le choix de notre comportement, nous n'avons pas d'excuse si nous faisons des actions négatives, sachant qu'elles s'inscrivent sur les ondes de Conscience universelle. Elles ont une basse fréquence et elles font baisser le taux vibratoire de la Conscience. Connaissant les propriétés de la loi d'attraction, nous pouvons en toute conscience contrôler notre façon d'agir.

Le Divin rend accessible à notre conscience ce qu'elle est capable de comprendre. Il ne nous parle pas de ce qui est inaccessible à notre compréhension. Cela ne servirait à rien et ne nous aiderait pas à évoluer.

Plus les vibrations de notre conscience sont rapides, plus nous sommes en harmonie avec un degré de la Conscience divine évolué.
Tous nos progrès sont les siens au niveau vibratoire. Toutes nos pensées, paroles et actions négatives freinent notre évolution. Il n'y a qu'une seule énergie. Nous oscillons dans un mouvement de « plus » ou « moins » d'élévation spirituelle en fonction du bien que nous faisons.

Message de Loreen du 07/09/2024 :

« *Je vois bien que les gens ignorent la Nature divine. Ils pensent morale et Dieu dictateur, être humain alors qu'il n'est rien de tout cela. Dieu est une Energie. Ce n'est que lorsque les humains auront admis qu'il n'est pas le Dieu des religions mais une Energie, l'Energie créatrice dont la nature est l'Amour, qu'ils cesseront d'être dans le doute et qu'ils arrêteront de souffrir à cause de leur peur des punitions divines.*

On se demande bien ici comment les humains n'ont pas plus de bon sens pour comprendre que l'on vous dit que Dieu est tout Amour mais qu'il est un juge intraitable qui punit très sévèrement. Ça ne va pas ensemble.

Essayez d'enlever votre peur et votre croyance naïve, car on vous l'a dit que Dieu punit.

Pensez vibrations et vous aurez vite fait de comprendre cette chose simple : Vous êtes connectés à la Conscience divine au niveau de votre évolution de conscience. Pas de punitions mais des états de conscience plus ou moins évolués en fonction du bien et du mal que vous faites.

Si vous voulez parler en termes de punition, elle serait de régresser sur les Energies de l'Amour. Mais c'est l'application d'une loi de la physique, pas de la morale.

Et c'est tout. Très simple à comprendre. Seul l'Amour compte, celui que vous partagez avec autrui et avec Dieu. Cela est peu de choses à intégrer et à appliquer : Aimer, faire du bien, tout simplement. Il y faut un peu d'application mais c'est très facile de réfléchir avant d'agir pour ne pas se tromper ».

Il n'y a qu'une seule Energie d'Amour, nous en faisons partie à part entière. Comme le Divin, nous sommes des Energies d'Amour. Les consciences individuelles que nous sommes ont en elles toute la Conscience divine car les énergies ne peuvent pas se partager. Nous n'en exprimons que ce qui est accessible à notre compréhension. En progressant sur les degrés de l'Energie de la conscience, nous avons accès à plus de connaissances et nous évoluons.

Si nous sommes attachés à la notion de récompense, nous pouvons dire que notre progrès spirituel, grâce au bien que nous faisons, est la récompense que nous nous donnons à nous-même.

Connaître le but de la vie est important pour avoir une vie équilibrée.

Beaucoup de personnes se demandent à quoi sert la vie sur Terre. Nous souffrons physiquement et moralement, nous traversons des épreuves difficiles et nous devons lutter pour les surmonter.

Les épreuves sont les conséquences de la vie matérielle, des conditions dans lesquelles elles se déroulent, de la façon dont nous choisissons nos amis, notre travail. Nous faisons parfois des mauvais choix qui ont une répercussion sur notre vie. Par notre liberté d'action nous choisissons des solutions qui, parfois, ne sont pas les bonnes. Notre ignorance en est la cause. Personne n'est responsable sauf nous.

Après la vie, il y a la mort. La grande majorité des gens ignorent ce qu'il y a après la vie terrestre et toutes les suppositions le plus noires entretiennent la peur. Il y a des signes incontestables que la vie continue mais peu de personnes le savent : les expériences de mort imminente (EMI), les signes, certaines coïncidences......

Après la vie sur Terre, il y a la vie plus belle et plus intense dans l'au-delà. Nous restons nous même. L'âme, qui est « nous », notre véritable nature, est une énergie éternelle. Dans le monde invisible, nous continuons à vivre libres, comme dans le monde matériel.

Dans quel but revenons-nous sur Terre ?
La raison de notre existence dans le monde matériel est que nous fassions des expériences de vie selon notre choix afin d'évoluer en conscience et en amour. La finalité de l'existence est d'apprendre à aimer.
Dieu est l'Energie créatrice dont la Nature est l'Amour. Nous vivons pour faire vivre cet Amour divin et l'amplifier grâce à l'amour que nous manifestons. Notre capacité à aimer, qui progresse au fur et à mesure de nos

expériences de vie. L'amour que nous donnons s'ajoute à l'Amour divin car ce sont des ondes de la même gamme vibratoire.

L'un des buts de notre vie est que, par l'amour partagé avec les autres, nous ne fassions qu'un avec l'Amour divin. Pour développer l'amour en nous il suffit de faire le bien. Tout ce qui est bien est positif et ce qui est positif est de l'amour. Il s'agit du bien dans les actes simples de la vie quotidienne.

Nous évoluons sur les degrés de la Conscience universelle. Nous avons à devenir nous-mêmes, de façon indépendante. Nulle aide ne nous est apportée, contrairement à ce que nous pensons suivant les conceptions de Dieu que la religion nous a inculquées.

Loreen dit qu'il ne s'agit pas de renier ce qui est bon dans la religion. Il ne s'agit pas non plus de porter des jugements négatifs. Les religieux qui ont inventé le dogme catholique ne connaissaient pas les vibrations et ils ne pouvaient pas savoir que Dieu nous a créés à son image spirituelle.

Maintenant, il est nécessaire de voir la vérité et de changer notre compréhension de « qui est Dieu ». Loreen a écrit que le message de Jésus a voulu apprendre l'Amour aux hommes. Mais ils ne l'ont pas compris, prenant ce qu'il disait au premier niveau car il s'exprimait en paraboles. Jésus se manifeste en écrivant en écriture automatique ou par intuitions afin d'expliquer sa mission.

Le désir du Divin est que nous construisions notre identité spirituelle, que nous comprenions que nous avons les mêmes capacités créatives que lui et que nous devons nous créer nous-mêmes. C'est-à-dire que nous ne devons compter que sur les progrès que nous faisons par notre propre expérience et non celle des autres.

Pour comprendre qui nous sommes, nous devons comprendre notre relation à Dieu. Nous sommes une seule Energie de Conscience. Tout ce que le Divin est nous le sommes aussi. Nous devons utiliser nos capacités créatrices pour créer notre propre réalité, en fonction de notre capacité à comprendre l'Amour divin, en devenant semblable à lui puisque nous sommes une seule identité.

Dieu s'enrichit des expériences que nous faisons qui mettent en évidence les différentes facettes de l'Amour, en le vivant. Ne faisant qu'un, ce qui est bénéfique pour l'un l'est pour l'autre aussi en une collaboration étroite. Nous sommes les enfants spirituels de Dieu et son égal en ce qui concerne les capacités créatives.

Cela signifie que rien ne nous est donné, que c'est nous qui créons tout ce qui concerne notre vie. Notre vie, nos convictions, notre état d'esprit, notre conception des choses sont les résultats de notre pensée. Nos capacités sont inférieures aux siennes. Elles se limitent à ce que notre niveau d'évolution de conscience nous permet de comprendre et de créer en fonction de ce qu'il est.

Cette responsabilité de soi, entière, est loin de la conception d'un Dieu humain qui décide tout. Cette pensée nous entraîne sur un chemin spirituel qui ne correspond pas à une compréhension juste de la Nature divine. Dieu est l'Energie créatrice, une onde. Il n'y a que l'Energie divine, qui est l'Amour, dont nous faisons partie et que nous devons révéler. Nos progrès dans cette compréhension sont enregistrés sur les ondes de la Conscience divine et sont un enrichissement pour notre nature spirituelle.

Il convient de penser du bien de soi, que nous sommes quelqu'un qui a du mérite et des qualités. Avoir la meilleure opinion de nous-même. Plus de jugement dévalorisant car tout ce que nous pensons et disons prend vie et se réalise. Si nous nous rabaissons nous ne pourrons pas faire l'expérience la plus enrichissante de nous-mêmes. Pensons que nous avons en nous la plus grande perfection dont nous sommes capables.

Si nous considérons qu'il y a une différence entre Dieu et nous, nous entretenons l'idée que nous sommes deux. Hors, nous sommes une seule énergie de Conscience. Nous sommes à l'égal de Dieu. Nous sommes conditionnés par ce que l'on nous a enseigné, que Dieu est supérieur à tout. Lui, « tout en haut » et nous « tout en bas ».

Cette image ne correspond pas à la réalité car les énergies n'ont pas de hauteur matérielle. Les énergies les plus « hautes » sont celles qui ont une fréquence vibratoire rapide et les énergies les plus « basses » celles qui ont une fréquence vibratoire lente.

C'est pour changer cette image réductrice qu'il est important de commencer par la valorisation de soi. Nous nous sentons inférieurs aux autres et nous culpabilisons. C'est comme une seconde nature imaginaire dont il est difficile de se défaire.

Se persuader que nous avons de la valeur, à l'image du Divin, demande une attention permanente. Refuser de nous culpabiliser dès que notre pensée veut nous juger. Lorsque nous réussissons à avoir une bonne opinion de nous, nous sommes libérés et nous avons le courage d'agir selon toute notre valeur humaine.

Il est important de prendre des décisions sans avoir le moindre doute sur leur réussite. Si nous sommes hésitants, si nous pensons qu'il vaut mieux ne pas se réjouir d'avance de peur d'être déçu, nous empêchons les ondes fortes de la persuasion d'agir. Nous devons trouver le juste milieu, tout en sachant que ce n'est pas gagné, mais que cela peut l'être si nous y croyons fermement.

Ensuite, en travaillant sur notre personnalité, nous allons révéler tout le bien qui est en nous et nos qualités. Notre nature est vibratoire. Ce n'est pas une conception morale mais une réalité énergétique en relation avec les lois de la création. Il n'y a aucun jugement de valeur car dans le monde invisible, le jugement n'existe pas. Tout n'est que connexion avec les ondes positives ou négatives de l'Energie de l'Amour.

Qu'on l'appelle Energie universelle, Conscience universelle, Conscience divine, Le Créateur de toutes choses…..nous parlons de la même Energie. Il s'agit de l'Energie primordiale d'Amour qui a voulu se manifester afin de se révéler, en collaboration avec ses créatures humaines.

En cherchant à nous réaliser en tant qu'être divin, nous nous rapprochons de la perfection de Dieu contenue de façon »conceptuelle » dans sa Nature. Notre progrès spirituel nous rapproche des capacités créatives de celles de Dieu. Pour connaître Dieu, nous devons d'abord nous connaître nous-même en tant qu'être divin.

Message du guide Emmanuelle du 17/08/2024 :
« Nous sommes semblables à Dieu. Vous pensez qu'il y a Dieu et nous mais nous ne sommes qu'un parce que nous faisons partie de la Nature divine qui n'est qu'une seule Energie. Nous sommes potentiellement son égal. Ce n'est pas une vue invraisemblable et l'expression d'un égo démesuré. C'est une réalité vibratoire.

L'évolution est en perpétuel mouvement et en perpétuelle progression. Le Divin évolue grâce au bien que vous faites et à l'Amour que vous donnez. Mais vous aussi et nous de même. Cela demande à chacun de construire sa réalité spirituelle tout seul. Cela implique de prendre seul vos décisions, de ne demander rien à personne. Vous pouvez entendre les avis des uns et des autres, cela fait partie de la vie au premier niveau.

L'égo s'exprime toujours d'une façon ou d'une autre et a besoin de se manifester en donnant des conseils, en influençant autrui ou en donnant des ordres. N'écoutez pas les avis d'autrui et ne les appliquez pas sans avoir analysé s'ils correspondent à votre vérité.

C'est cette indépendance qui vous rapproche du Divin et vous fait évoluer sur les degrés de l'Energie de l'Amour jusqu'à devenir l'égal de Dieu, d'avoir la même force créative que lui.

Si vous pensez qu'il y a Dieu et nous, vous reniez votre véritable identité qui est que lui et vous, et nous aussi ne faisons qu'un avec lui ».

Se construire seul remet en question notre relation à autrui. Nous n'avons pas à dire aux autres ce qu'ils doivent croire, penser ou dire. Nous pouvons débattre avec eux de notre opinion sur la façon de nous comporter mais nous ne devons pas leur dire de faire comme nous le pensons. Il est important de laisser chacun décider de ce qu'il veut.

Pour les enfants, c'est la même chose, en les mettant en garde contre les comportements négatifs. Ils ont besoin de notre guidance car ils sont jeunes et ne maitrisent pas leurs pensées. Mais ils ont leur personnalité liée aux compétences de leur âme et aux expériences du passé. Ils sont adultes mentalement et enfants affectivement.

La conséquence directe de cette unité avec le Divin est que toute l'humanité n'est qu'un seul être. Nous sommes tous reliés les uns aux autres par la force spirituelle. Avoir de la haine envers quelqu'un c'est avoir de la haine envers soi-même puisque nous ne sommes qu'un seul être. N'avoir aucun ressenti négatif c'est rester neutre pour les autres et pour nous.

Avoir des pensées fraternelles pour autrui, individuellement ou collectivement, c'est les avoir pour nous aussi. Les bonnes pensées nous aident tous car nous sommes tous reliés dans l'Energie de l'Amour Divin. Nous n'en avons pas conscience car cela ne provoque en nous aucune réaction et nous nous sentons extérieurs aux conséquences de ce que nous disons.

Nous sommes des personnes physiques individuelles par notre nature matérielle et nous ne pensons pas que nous sommes aussi des êtres spirituels dont la relation entre eux est différente de celle des personnes physiques. Il y a sans cesse interférence entre notre nature matérielle et spirituelle.

Ce n'est pas notre mental lié au corps physique qui dirige notre vie mais notre conscience qui est notre nature spirituelle. Elle agit en fonction des lois énergétiques et non les règles établies par les hommes pour diriger la vie humaine.

Message de « Raphaël deux », que j'ai ainsi nommé car il a voulu écrire après un autre Raphaël qui communiquait depuis plus longtemps. Il est lui aussi un ange. 18/08/2024 :

« Les êtres humains doivent finir par accepter que nous sommes des êtres divins et renoncer à accuser de blasphème ceux qui le disent, de les insulter en montrant leur savoir religieux en s'appuyant sur les textes de la Bible qui ne sont pas vrais. Il n'y a rien de sacré dans la Bible, pas de livres sacrés, pas de saints, pas d'actes sacrés. On se demande ce que signifie le mot sacré. Bénit par Dieu ? Dieu n'a rien de sacré, il est une énergie.

Ce que je dis là va révolter certaines personnes et dire que je ne suis pas un ange mais un démon. Les démons n'existent pas sauf dans la pensée négative des êtres humains.

Nous luttons, nous, les messagers de Lumière, pour vous aider à comprendre mais il faut pour cela que les hommes changent de mentalité et croient en la véritable Nature de Dieu. Vous pouvez vous poser des questions, par exemple : voit-on une différence de vie entre celle d'un catholique et les autres ? Aucune. Car les religions sont des inventions humaines et n'ont pas de réalité divine. Dieu est l'Amour et l'Amour est ce que chacun de vous avez à apprendre à vivre.

Les lois de l'Au-delà sont celles de la physique quantique (car « l'autre » refuse l'idée de Dieu). Cependant, de nombreux scientifiques admettent que pour que tout soit organisé de façon aussi rigoureuse, montre qu'une Intelligence est à l'origine de la vie.

L'Ere du Verseau nous pousse à comprendre la Nature divine car les vibrations des consciences ont accès à la vérité. Ne vous détournez pas de celles-ci car vous le paieriez cher. Pas par punition mais par action vibratoire. Tout ce que vous ferez de mal sera amplifié puisque les ondes se sont intensifiées et tout ce que vous ferez de bien la même chose. Alors choisissez le bien pour évoluer harmonieusement.
Sachez que vous n'êtes qu'une seule et même énergie avec l'Energie divine et que vous en subissez les conséquences positives si vous pensez, parlez et agissez en harmonie avec votre nature divine ».

Les textes de la Bible ont été écrits par des religieux plus de deux cents après la vie de jésus. Les apôtres eux-mêmes expliquaient la vie de Jésus en lui donnant une forme plus conforme aux croyances de la loi juive. Rien n'était écrit mais se transmettait oralement, avec toutes les déformations des pensées de chacun. Les différents conciles ont voulu leur donner une forme avantageuse pour la religion.

Les mots « saint » et « sacré » sont des termes que la religion a inventés pour récompenser des religieux pour leurs mérites. Bien sûr qu'il y en a eu comme Padre Pio de Piétrelcina. Il était authentique, avait des compétences exceptionnelles de maîtrise des énergies.

Certains religieux se flagellaient. C'est vraiment contraire à l'Amour divin qui ne veut que notre bien-être et méconnaître sa nature. Dieu nous demande vivre heureux, pas de nous martyriser. Le curé d'Ars s'est manifesté après son départ et a fait ce que l'on appelle des miracles. C'est parce que sa conscience avait atteint un certain niveau d'évolution qui n'a rien à voir avec son comportement sur Terre. Il s'agit de sa vie spirituelle et non matérielle.

Le blasphème n'existe pas non plus. Ce qui est dit ne sont que des mots que la peur d'une éventuelle punition divine nous fait inventer.

C'est la première fois qu'un messager écrit les choses aussi directement et avec peu de précautions. Je remercie Raphaël de l'avoir fait. Il veut, comme tous mes correspondants, que les humains se réveillent en créant un électrochoc qui provoquerait leurs réflexions.

Beaucoup de personnes disent que nous avons une mission. Elles pensent à une mission envers autrui, dans le cadre de la vie terrestre. Nous pouvons nous en donner une, mais par choix de vie. Il est possible de choisir d'aider des organismes humanitaires, de participer à la protection de la nature, de la faune ou la flore, de choisir un métier qui nous donnera l'occasion d'aider. Nous pouvons dire que faire le bien sur la Terre est la mission de chaque être humain.

Nathalie, messagère, a écrit à ce sujet un message très explicite, 19/08/2024 :

« Oui, nous avons tous la même mission. Ce n'est pas une mission dans le monde matériel.

Dans la vie terrestre vous pouvez choisir une mission mais cela ne dépend que de vous, de votre choix de vie. Vous pouvez être attirés par l'aide à autrui, par l'enseignement, par les soins médicaux, les sciences et toute démarche intellectuelle à laquelle vous voulez vous consacrer. C'est une démarche personnelle. Personne ne vous dit de le faire. C'est une mission sur Terre pour une cause qui vous tient à cœur.

Cette mission que vous choisissez vous amènera sur des degrés de conscience supérieurs à celui que vous avez déjà si vous l'utilisez pour aider et faire le bien. Si vous agissez en maître, en dictateur qui commande et trouve sa réalisation dans le fait de dominer les autres, l'énergie de votre conscience va diminuer et vous allez régresser au lieu d'évoluer.

La mission de chacun est spirituelle. Elle concerne l'évolution de l'Energie de l'Amour universel que vous appelez Dieu. Dans le monde visible et dans le monde invisible c'est la même finalité. Faire évoluer l'Energie de l'Amour primordial vers toujours plus de force vitale afin que les ondes amplifiées en capacités créent de plus en plus et aient la puissance nécessaire pour entretenir la vie de tous les mondes.

Pensez toujours : matériel et spirituel, en prenant soin de ne pas confondre les deux aspects de votre nature. Ne pas prêter au monde spirituel les attributs de la vie matérielle car il n'y a aucune ressemblance entre le fonctionnement moral des lois sociales des humains et le fonctionnement des énergies spirituelles de la conscience.

Le matériel dépend du mental et de toutes ses connaissances liées à la vie des humains. Le spirituel dépend de la conscience et de la pensée qui exprime ce que la conscience veut. On ne peut pas expliquer la vie spirituelle à partir des notions de la vie matérielle car les conditions, comme je viens de le dire, ne sont pas de la même nature.

Votre mission se manifeste dans votre vie matérielle en fonction de votre capacité à aimer et de votre progrès spirituel suivant le bien que vous faites.

Dans la vie quotidienne peu de personnes pensent qu'elles doivent apprendre à aimer et faire le bien. Peu de personnes savent que le Divin est l'Energie de l'Amour et que leur relation à Dieu est d'aimer. De même elles ne pensent pas qu'elles sont des consciences spirituelles et non des corps physiques. Elles prêtent à la vie dans l'au-delà les mêmes comportements que ceux de leur corps terrestre sans penser qu'il n'est pas « eux » mais un véhicule emprunté pour une vie. Pour ouvrir sa conscience, comprendre la raison de la vie, il est bon de progresser spirituellement ».

Loreen dit qu'il n'y a qu'un seul monde. Au point de vue des ondes spirituelles qui le composent il n'y en a qu'un puisqu'il est impossible de partager les énergies. Elles commencent par le niveau le plus bas de l'Energie de l'Amour et elles vont jusqu'à l'infini.

Mais les caractéristiques des énergies qui se manifestent dans le milieu matériel ne sont pas les mêmes que celles qui concernent le monde spirituel. Dans le monde physique, les énergies sont le support de la cohérence de la matière. Les ondes qui viennent du soleil et celles qui émanent de la Terre. Les ondes telluriques, les ondes micro-ondes, l'électricité, le magnétisme, les ondes nucléaires, les ondes radio…. ne se manifestent pas au niveau spirituel.

Dans le monde spirituel, il n'y a que l'Energie de l'Amour et de la Conscience.

Nous progressons seul sur le chemin de l'évolution de conscience.

Lorsque nous perdons un être cher, nous lui envoyons des pensées d'amour et de l'énergie pour l'aider. Nous pensons que cette énergie facilitera sa compréhension de la vie dans l'Au-delà. Elle les aide à comprendre l'Amour dans lequel ils vivent. Cet amour envoyé vers eux les fait vibrer sur taux vibratoire plus fort et ouvre leur conscience à acquérir plus de connaissances par leurs propres efforts.

« Mais, dit Loreen, les énergies envoyées ne donnent pas la connaissance à ceux qui les reçoivent. Leur progrès ne dépend que d'eux-mêmes. »

Sur Terre, nous ne savons que ce que nous avons appris. L'étude et l'apprentissage nous donnent accès à des connaissances nécessaires pour réussir notre vie. Les encouragements et les bonnes pensées de l'entourage provoquent le désir de lutter et de réussir. Mais ce ne sont pas les savoirs intellectuels qui vont nous faire progresser spirituellement.

Nous sommes seuls responsables de notre vie.

Nous avons pour habitude de penser que nos difficultés sont causées par autrui ou les évènements de notre vie, indépendamment de notre volonté. C'est souvent le cas. Si quelqu'un provoque un accident en fonçant dans l'arrière de notre voiture alors que nous sommes à l'arrêt, nous n'y sommes pour rien.

Nous ne sommes pas responsables de l'événement mais de la façon dont nous réagissons. Notre façon de réagir ne change rien aux faits mais à leurs conséquences. En colère, nous pouvons avoir affaire à une personne violente et se faire agresser. Calme, nous pouvons trouver des solutions voire un arrangement à l'amiable.

C'est en ce qui concerne notre réaction que les guides disent que nous sommes responsables de ce qui nous arrive. Les conséquences de notre attitude ne dépendent que de nous. Si nous produisons des ondes négatives elles vont nous porter tort. Si nous avons une attitude positive et que nous minimisons la situation, elle sera plus facile à régler, car avec un comportement raisonnable nous pouvons réfléchir et agir de façon constructive.

Le Guide Ilona a expliqué cela dans un message du 08/01/2025 :

« Vous avez cette habitude liée à l'ego de reporter la faute de vos agissements sur autrui pour vous déculpabiliser. Cela provoque une attitude de déresponsabilisation de votre vie.

Regardez plutôt à l'intérieur de vous et vous comprendrez que vous êtes responsables de tout ce qui vous arrive par votre action et votre réaction.

Si vous comprenez que vous pouvez mener votre vie à votre convenance et à en accepter les aléas, vous gagnerez en liberté.

Vous êtes d'une manière ou d'une autre les auteurs de votre façon d'agir ou de réagir. En minimisant les épreuves que vous subissez et en cherchant en vous des solutions et non pas des jérémiades, vous gagnez en responsabilité et en autonomie.

La manière dont vous abordez les évènements dépend de vous et votre façon de les vivre aussi. C'est en cela que vous seuls êtes responsables de votre vie ».

Nous pensons que le Divin dirige notre vie à travers les règles que la religion nous a demandé de respecter pour échapper aux punitions de Dieu qui nous infligerait des épreuves. Nous pensons souvent : « mais qu'ai-je fait pour mériter ça ?». Dieu ne punit pas car il est l'Amour et qu'il ne fait que du bien.

Si nous avons des difficultés c'est que nous avons fait des mauvais choix. Dieu ne nous empêche pas de faire ce que nous voulons car il nous a créés libres dans le but que nous fassions seuls les expériences de la vie afin de progresser spirituellement. Il ne fait pas non plus les choses à notre place pour la même raison. S'il le faisait nous n'aurions pas d'autonomie et nous n'apprendrions rien.

Nous créons les circonstances de notre vie.

Ce que nous croyons ou craignons produit dans notre conscience une « empreinte » qui est enregistrée sur les ondes de la Conscience universelle comme réalisée, puisque c'est nous qui l'avons créée. Par conséquent, nous serons ce que nous avons dit.

Si nous pensons être mauvais, incapable de réussir….nous nous conditionnons seuls conformément à ce modèle et nous devenons ce que nous pensons. Nous générons des ondes négatives qui ont un niveau vibratoire bas et qui nous connectent aux basses vibrations de l'énergie de l'Amour. Nous sommes hésitants, indécis et notre entourage le voit et pense de nous ce que nous pensons nous-mêmes.

A l'inverse, si nous avons confiance en nous, notre attitude reflète une personnalité équilibrée que tout le monde voit. Nous nous comportons en accord avec ce que nous pensons être et nous nous connectons aux hautes vibrations de l'Energie de l'Amour. Les gens pensent que nous avons de la chance parce que nous réussissons ce que nous entreprenons alors que c'est le résultat de notre état d'esprit, de la confiance que nous avons en nous.

Le guide Mélanie a écrit ce message concernant ce sujet le 21/01/2025 :

« Nous créons les circonstances de notre vie suivant la qualité de nos pensées. Si nos pensées sont liées au bien, à l'Amour, les ondes de notre conscience sont positives, elles entraînent des pensées positives qui provoquent les bonnes circonstances. Nous avons induit de bonnes conditions de vie.

Si nous n'avons pas confiance en soi nous créons des impulsions de conscience qui vibrent bas. Alors les circonstances de notre vie sont négatives. Nous induisons des mauvaises pensées, des mauvaises appréciations et cela nous porte tort.

Ayez des bonnes pensées, des bonnes opinions de vous et la vie vous sourira ».

Ce message nous montre que nous sommes tributaires de la façon dont nous nous jugeons. Nous avons tous des qualités qu'il est préférable de mettre en avant pour nous connecter aux fréquences de la Conscience universelle positives.

Dieu ne s'occupe pas de notre vie matérielle.

Dire cela peut choquer car les humains sont habitués à croire que le Divin conditionne tout ce que nous faisons. Ils passent beaucoup de temps à se poser des questions sur leur comportement : « ce j'ai fait est-il bien » ? « Dieu va-t-il me punir pour ce que j'ai dit, ou fait » ? C'est un état « d'être » auquel les hommes sont habitués.

Le Divin a créé des êtres humains, intelligents et conscients, afin qu'ils expérimentent les différents aspects de l'Amour. Toutes les facettes de l'Amour sont présentes dans la Conscience divine sous forme de concept. Tant que personne ne les vit, elles n'existent pas. Lorsque les humains manifestent dans leurs sentiments et leurs comportements un aspect de cet amour, il prend vie, il existe et tout le monde peut le reproduire. Ainsi, progressivement, l'Amour est mis en évidence.

Chacun le découvre et le vit en fonction de son niveau de conscience. C'est pour cela que l'Amour se manifeste sous de multiples formes.

Le but de Dieu est que nous apprenions à aimer en faisant seuls les expériences de notre vie afin de progresser sur les degrés de la Conscience universelle. S'il dirigeait notre vie, nous serions conditionnés par ce que Dieu veut. Nous ne pourrions pas choisir et nous ne pourrions pas évoluer. C'est pour cela que Dieu ne s'occupe pas de notre vie matérielle.

Mamoud a écrit ce message en rapport avec ce thème le 14/01/2025 :

« *Tu as vu que tu as choqué des gens et surtout ton amie Y. Voyant combien elle était choquée, tu as voulu écrire ce message.*

Bien sûr que Dieu est attentif à ce que vous faites mais autrement. Il ne se comporte pas en père qui juge ses enfants et les punit. Il prend soin de vous car il vous aide en permanence en vous donnant des bonnes idées par intuition. Mais vous n'écoutez pas les conseils que vous recevez dans votre tête car vous ne savez pas que c'est la voix de Dieu.

Il vous aide par les sentiments en vous faisant vivre des expériences d'amour qui sont l'expression de sentiments nobles. Les expériences de la vie, ce que vous en apprenez inconsciemment vous aident à évoluer également.

Vous voyez que vous n'êtes pas abandonnés mais que Dieu ne fait rien à votre place. Il respecte ses engagements. Vous pouvez progresser sur les ondes de la Conscience universelle vers toujours plus d'Amour ».

Les intuitions sont ces idées qui nous viennent subitement sans que nous y ayons pensé. Les expériences de la vie nous font vivre des situations qui sont des apprentissages. Les sentiments nous font vivre des états affectifs bons ou mauvais qui nous montrent ce qui est bon pour nous ou ce qui ne l'est pas.

Lorsque nous partons dans l'Au-delà, nous emportons, imprimé dans notre conscience, tout ce que nous savons. Les connaissances intellectuelles nous aident à développer des compétences utiles pour le cerveau. Nous gardons cette connaissance dans notre subconscient. Rien n'est oublié. Nous retrouverons les facultés acquises dans la vie prochaine si nous en avons besoin.

Les acquisitions spirituelles que nous avions sur Terre restent les mêmes mais notre notion du Divin change. En arrivant dans le monde invisible, nous découvrons le milieu de vie qui sera le nôtre. Nous constatons tout d'abord que nous sommes toujours nous-mêmes et entourés d'amour, de l'Amour qui est Dieu.

Les personnes qui niaient la survivance de l'âme essaient de comprendre. N'ayant aucun bagage spirituel, elles doivent commencer leur « apprentissage » au premier degré. Elles sont accompagnées par les guides et les anges qui ont pour mission de les aider. Ils leur parlent si elles veulent bien les écouter. Il n'y a pas d'obligation.

Le libre arbitre existe sur tous les plans de conscience. Il est impossible de convaincre de force.

Des âmes se retrouvent dans le bas-astral sans être des assassins. Sur ce niveau-là il y a aussi tous les degrés, comme sur les autres niveaux de conscience. C'est « la quantité d'amour » que nous avons donné qui détermine le plan sur lequel nous vivrons.

Le plus bas, celui qui est juste au-dessus du plan terrestre, est le lieu de séjour des individus les plus violents et les plus ignorants concernant la Nature divine. Mais sur les autres degrés du bas-astral, il y a toutes les sensibilités. C'est une question d'énergie, de « vibrations » disent mes messagers. Au fur-et-à- mesure que l'âme découvre qu'elle a un rapport avec le Créateur, elle comprend et l'intensité vibratoire de sa conscience s'accentue. Progressivement, elle comprend et s'élève sur les échelons supérieurs : niveau 2, niveau 3......

Chacun de nous arrive dans le monde invisible avec un taux vibratoire de conscience qui correspond à une intensité des Ondes Divines. Par attirance, l'âme se place sur la fréquence qui a la même longueur d'ondes que la sienne. Il n'y a aucune intervention de Dieu. Les lois vibratoires agissent toutes seules par l'application des théorèmes de la physique.

Les prières que nous faisons pour nos chers disparus et l'énergie que nous leur envoyons leur donnent de la force, de la volonté et de la joie. Elles les aident à avoir envie de savoir et d'apprendre. Mais ils progressent seuls car il est nécessaire qu'ils découvrent la vie spirituelle par leurs expériences et leurs réflexions.

C'est la même chose que sur Terre où seules les expériences personnelles, faites à partir de nos connaissances et de notre vécu, peuvent éveiller notre conscience.

LE DIVIN EST AMOUR ET CONSCIENCE

Nous avons appris que Dieu se comporte comme un être humain, avec les mêmes jugements que ceux des hommes, la même partialité. Le dogme religieux le présente comme un chef, un roi qui exerce son autorité sur ses créatures. Il jugerait et surveillerait ce que nous faisons, il récompenserait ou punirait selon ses jugements. Il punirait de châtiments éternels si nous n'obéissons pas aux règles de la religion. Le châtiment serait de nous précipiter dans les flammes de l'enfer où des diables nous feraient subir des souffrances interminables pour l'éternité.

Si nous voulons réfléchir avec logique, nous savons bien que la situation des humains en enfer ne peut pas être vraie pour deux raisons. La première, c'est qu'il faudrait que l'enfer soit un lieu matériel alors que dans l'au-delà il n'y a que de l'énergie. La deuxième est que le feu consume ce qu'il brûle.

En ce qui concerne le fonctionnement des lois divines au sujet de la vie des humains, les croyances font état de situations invraisemblables comme si le Divin était lié à des conditions inexplicables, ce qui a été qualifié de mystères. A cause de tout ce qui n'est pas expliqué, car mystérieux, les fidèles ne cherchent pas à comprendre comme si c'était mal de le faire. Au contraire tout s'explique de façon logique dès que l'on sait que le Divin est une Energie qui fonctionne en accord avec les lois vibratoires de la physique.

Les lois vibratoires de la physique n'ont aucun rapport avec les lois humaines dépendantes de la morale. Dans le monde spirituel les religions n'existent pas. Elles ont été créées par les humains pour expliquer chacune à sa façon la nature divine.

Dieu n'a pas d'opposé mauvais. Le mal n'a pas d'existence dans la Conscience divine. Il concerne les ressentis des humains face à des circonstances de vie qui sont désagréables pour lui. Nous appelons « mal » tout ce qui est déplaisant, ce qui nous fait souffrir physiquement et psychologiquement.

A l'inverse, nous trouvons bien ce qui procure du plaisir, de joie et nous facilite la vie. Tout ce qui procure du bien-être. C'est une perception affective qui n'a aucun lien avec la réalité. Les Energies divines n'ont pas d'appréciations morales.

La plupart des gens croient que le mal vient de l'extérieur, des autres, de la malchance, du « diable ». Le mal est généré par le mental des humains. Ils ne comprennent pas notre relation avec Dieu, ils ignorent pour la plupart d'entre eux quel est le lien qui nous unit à Dieu. Ils ne savent pas que l'Amour et la Conscience sont ce qui compte le plus pour Dieu.

Les religieux ont imaginé des règles limitatives à la liberté des individus, les faisant vivre dans la peur des châtiments. Ils croyaient qu'il fallait obéir à Dieu comme cela se passait autrefois envers le roi. Les rapports avec le souverain étaient ceux de l'obéissance à cause de la peur. Ne connaissant pas la Nature divine, ils ont imaginé les mêmes conditions de dépendance.

Les pères de l'église ont inventé le péché originel dont nous serions redevables. Ils ont trouvé cette explication pour justifier les mauvais comportements. Dieu nous a donné la liberté de faire ce que nous voulons dans un but précis pour apprendre à aimer, pas à devenir parfaits.

Nous nous perfectionnons de vies en vies grâce aux expériences de la vie quotidienne, en comprenant de mieux en mieux l'Amour sous toutes ses formes. Nous progressons chacun à notre rythme, selon notre niveau d'évolution de conscience.

Le bien que nous faisons est de l'Amour. Les ondes d'Amour que nous générons s'ajoutent à l'Amour originel car ce sont des ondes de la même gamme vibratoire. L'Amour divin vibre plus fort grâce à l'Amour que nous donnons.

Dieu n'impose ni lois ni limites. Nous sommes sur Terre pour découvrir l'Amour et c'est par notre attitude envers autrui que nous mettons en évidence ses différentes facettes. Celles qui sont positives et les mauvais côtés lorsque nous agissons négativement.

Nous sommes ici pour vivre heureux. C'est à nous de comprendre et de faire ce qui est bon pour nous afin de trouver le bonheur. Il se présente sous de multiples formes, d'un moment de paix que nous vivons, aux nombreux bonheurs de la vie de famille, ainsi que ceux vécus avec autrui et avec les animaux.

Le bonheur est en nous. Nous traversons des moments difficiles mais ils le seront moins si nous comprenons que nous sommes aidés, que notre famille envolée et notre guide ne nous abandonnent pas, et que Dieu accède à nos demandes.

L'Energie universelle, que nous appelons Dieu, est une onde électromagnétique qui soutien toute la création. Il est la Conscience universelle omnipotente, omniprésente et omnisciente qui peut tout, qui est partout et qui sait tout.

Le Divin n'a pas de mental car les énergies fonctionnent suivant la loi vibratoire. Elles n'ont pas de pensées. Les ondes que nous connaissons : les ondes électriques, magnétiques, nucléaires, radio… agissent suivant les aptitudes de leur nature vibratoire, elles ne pensent pas. Il en est de même pour les ondes spirituelles qui sont des états de conscience.

Tout s'explique, rien n'arrive par enchantement. Ce sont les théorèmes que Dieu a lui-même inventés qui règlent le fonctionnement des lois à partir de calculs mathématiques très complexes et précis. Ces lois sont immuables.

Les êtres humains, par leurs expériences et leurs découvertes, dévoilent progressivement les connaissances contenues dans la Conscience divine.

Toutes les nouvelles technologies mises au point par les chercheurs sont utilisées par les concepteurs et les fabricants, qui leur trouvent des applications.

La Conscience divine contient en elle toutes les connaissances des consciences des êtres vivants. De la plus élémentaire comme celle des plantes et des animaux peu évolués, à celle des animaux supérieurs capables d'éprouver des sentiments ainsi que celles des hommes. La conscience de l'humanité est le somme de toutes les connaissances acquises par les consciences individuelles. Elle grandit au fur et à mesure que les consciences de chacun ont de nouvelles acquisitions.

Dieu est l'Energie de l'Amour. Son but est qu'il grandisse grâce aux expériences que nous faisons, à la « quantité » de bien que nous pouvons faire. Il suffit de se comporter avec bonté, gentillesse, empathie, compréhension, fraternité…. Le bien que nous faisons nous permet de progresser sur les degrés de la Conscience divine. Chacun doit apprendre à aimer pour évoluer en conscience.

Pour comprendre notre relation avec Dieu, il est important de savoir que :
_ Dieu est une Energie, l'Energie créatrice dont la nature est l'Amour.
_ Que Dieu est une Conscience, pas un être humain.

Sachant cela, notre compréhension peut admettre que le Divin vit en fonction des lois de la physique, qu'il nous a créés libres et que le but de la vie est d'apprendre à aimer, pas à devenir parfaits. Ce que nous faisons n'a aucune conséquence si ce n'est que les mauvais propos, les mauvaises pensées et les mauvaises actions vibrent sur un taux vibratoire faible et freinent notre évolution spirituelle.

Cela change notre relation avec Dieu et notre compréhension de « qui est Dieu ».

On nous a appris que Dieu ne change pas car sa Nature serait fixée éternellement. Mais la réalité de la Nature divine est autre. Elle évolue en permanence. Le milieu matériel est le corps physique du Divin. Nous savons que l'Univers change en permanence, les astronomes filment les mouvements des corps célestes et le déplacement des planètes, qui sont en perpétuel mouvement.

Pour comprendre il est nécessaire de se débarrasser des croyances erronées et de rejeter l'idée que le Divin ressemble aux hommes. Nous trouverons la paix intérieure lorsque nous comprendrons que le Divin est une Energie et la Conscience universelle.

Le Divin ne juge pas ce que nous faisons. Il ne juge jamais car il respecte la liberté qu'il nous a donnée de faire ce que nous voulons. Mais notre compréhension humaine veut que ce qui est mal doive être puni. Alors les croyants ont peur de la sanction divine qui n'existe pas.

Nous ne sommes pas sous tutelle, dirigés par Dieu, nous sommes libres et entièrement responsables de notre conduite. Si Dieu intervenait dans notre vie, nous ne pourrions pas choisir ce que nous voulons faire, nous n'aurions aucune liberté et nous ne pourrions pas expérimenter selon nos choix. Nous ne pourrions pas progresser.

Notre façon d'agir a des conséquences positives ou négatives sur notre évolution de conscience en fonction de notre comportement envers autrui. La punition est d'ordre vibratoire. Le mal que nous faisons nous connecte à des niveaux vibratoires de la Conscience divine qui vibrent bas et retardent notre évolution. C'est en ce sens que nous nous punissons nous-mêmes.

Victorine est la petite fille d'une amie. Elle a écrit pour les livres. Son message est très structuré et clair. 22/08/2024 :

« Nous parlons de l'Amour qui doit régner sur la Terre. L'Amour est la même chose que Dieu. Le Divin est l'Energie de l'Amour que chacun doit apprendre à faire pour aider les autres à évoluer sur les degrés de l'échelle de l'Amour universel, des ondes les plus basses aux plus fortes en puissance vibratoire.

Chacun de vous est connecté à la puissance vibratoire de l'Energie de la Conscience divine qui a la même fréquence que celle de votre conscience. Ceci pour expliquer qu'il n'y a qu'une seule Energie de Conscience puisque les ondes de la vôtre s'harmonisent avec celles de la Conscience universelle qui ne font qu'un. Donc seule la Conscience permet de comprendre, apprendre et connaître.

Pour l'Amour c'est pareil, vous êtes des Energies d'Amour comme Dieu car il n'y a qu'une seule Energie d'Amour. L'Amour divin et le vôtre ne font qu'un. Vous êtes entièrement dans les ondes de l'Amour universel et l'Amour qui est en vous est le même que celui qui est la Nature de Dieu. Il n'y a qu'une seule Energie d'Amour.
Donc, un seul Amour et une seule Conscience.

Ainsi, vous pouvez comprendre que vous et Dieu n'êtes qu'un seul être. En révélant vos capacités à aimer vous révélez aussi celles de Dieu puisque vous et nous ne sommes qu'un avec lui. Révéler votre divinité c'est révéler celle de Dieu. Il n'y a pas Dieu et vous mais vous en Dieu.

Vous faites grandir la puissance vibratoire de l'Amour avec le bien que vous faites car le bien est de l'Amour. Dieu ne peut pas augmenter seul sa puissance énergétique puisqu'il n'a pas de corps matériel qui lui permettrait de vivre des situations dans lesquelles il révèlerait l'Amour. Pour que l'Amour soit il est nécessaire qu'il soit vécu et partagé. C'est vous qui vivez ces situations et c'est vous qui faites grandir en puissance son Amour par les expériences que vous faites ».

Victorine explique que nous faisons partie de l'Amour divin et de la Conscience divine. Nous pouvons dire que l'Amour a donné naissance au corps « physique » de Dieu. Il a créé les mondes matériels afin qu'ils servent de support à la vie des êtres vivants. Tous les mondes manifestés sont la structure de son corps matériel tout comme notre corps est la structure biologique qui nous permet de vivre sur Terre. Le corps du Divin n'est pas organique donc pas biodégradable. Il est constitué de tous les éléments matériels solides, des pierres, qui composent les mondes qui servent de support à la vie organique et qui accueillent les corps de matière des êtres vivants.

La Conscience divine est la partie spirituelle de sa nature.

L'AMOUR

L'AMOUR HUMAIN EST-IL DE LA MEME NATURE QUE L'AMOUR DIVIN ?

Les humains connaissent « l'amour-ressentis. » Ils tombent amoureux d'une personne qui leur plait. Ce n'est pas toujours un amour stable. Certains sentiments durent toute une vie, d'autres sont soumis à des conditions : « je t'aime à condition que tu m'obéisses, à condition que tu acceptes mes défauts sans que j'aie d'efforts à faire pour changer...... » C'est l'amour sous conditions. Il peut disparaître. L'Amour ne doit pas poser de conditions.

L'Amour divin est inconditionnel. Il ne demande rien en échange. Il ne pose aucunes conditions. Il est un état vibratoire à la disposition de tous ceux qui veulent le prendre. Il n'est pas réfléchi, il est, tout simplement. C'est pour ça que nous n'avons pas de questions à nous poser pour savoir si nous méritons l'Amour de Dieu. Ce n'est pas la peine de craindre que Dieu nous refuse son Amour, il est toujours disponible car il est une énergie, pas une décision morale.

Dieu nous demande d'apprendre à aimer, en faisant du bien autour de nous. Tout ce qui est positif est de l'Amour. Le bien est positif car il permet d'aider autrui de multiples façons et produit des ondes positives. En faisant du bien nous développons les relations fraternelles, les attitudes de compassion qui nous aident à évoluer.

Le bien revient vers nous automatiquement sans que nous ayons à faire quoi que ce soit, par attirance vibratoire. Pour le mal c'est la même chose, mais vous en subirez les conséquences négatives.

L'Amour de Dieu est une énergie. Le Divin ne se demande pas si nous méritons de le recevoir, il ne juge pas notre comportement. Nous ne pouvons pas dire : « Est-ce que je mérite l'Amour de Dieu ? Est-ce que je vais être puni si je déplais à Dieu ? » Ce comportement instinctif hérité de la pensée religieuse ne correspond pas à la réalité.

L'Amour universel, Energie créatrice, est à notre disposition. Nous le prenons si nous le voulons. Nous n'avons pas à mériter mais à aimer, à apprendre comment donner de l'Amour. L'amour que nous générons par notre comportement s'ajoute à l'Amour universel. Nous sommes sur Terre pour faire grandir l'Amour car celui que nous produisons s'ajoute à l'Amour existant.

Croire que Dieu s'occupe de notre vie est une erreur. Il est une Energie et les Energies agissent en accord avec lois vibratoires de la physique. Il ne punit pas car les énergies ne pensent pas. Cela montre que nous sommes seuls pour diriger notre vie. Le libre-arbitre nous a été donné car nous devons faire nous-même les expériences de la vie qui nous montreront ce qui est bien et ce qui est mal.

Nous sommes responsables de notre comportement, entièrement. Ne cherchons pas à accuser Dieu de nos malheurs, il n'y est pour rien. Lorsque cette compréhension sera devenue une habitude et que nous arrêterons de nous déresponsabiliser, nous serons libres.

La liberté n'est pas faire ce que nous voulons mais ce que nous devons faire. Nous avons le choix d'agir à notre convenance. Une fois fait ce qui est nécessaire, nous avons tout le temps pour nous, donc la liberté d'agir à notre guise.

Nous voyons la différence qu'il y a entre « l'amour sentiment » des êtres vivants et l'Amour divin, « l'Amour-état de conscience » qui est la véritable expression de l'Amour de Dieu.

Apprendre à aimer est essentiel pour le progrès de l'humanité.

Nous vivons une période difficile sur le plan relationnel. Les griefs, les oppositions, prennent des proportions considérables. La pauvreté crée des situations de révolte. Ce qui ne l'est pas ce sont les crimes. Les ondes négatives produites par tous ces drames ne font que renforcer l'exaspération.

Le mal produit du mal. Dans des situations aussi dramatiques, la fraternité, la tolérance et la solidarité n'ont plus de sens. L'acceptation de "l'autre" tel qu'il est n'est plus à la mode mais le « je fais ce que je veux et j'impose ma volonté » sont les maîtres- mots, sans tenir compte d'autrui. L'amour est pourtant la Loi universelle. Les humains doivent apprendre à la connaître et à vivre selon ce qu'elle est pour trouver le bonheur.

En janvier 2015, plusieurs messagers conseillent d'apprendre à l'école ce qu'est l'Amour.
Margot voudrait des stages en situation :
« *C'est Margot. Je vais dire comment développer la connaissance de l'Amour sur Terre. Il y a plein de choses possibles dans la société. Il faudrait des accords entre les enseignants et les ONG pour que les élèves fassent pendant les vacances des séjours avec le SAMU pour la soupe populaire à distribuer aux SDF, avec les Restos du cœur, avec le Secours Populaire, avec les centres d'aide aux pauvre, avec les Emmaüs, les Sans Abris et d'autres encore afin que les jeunes prennent conscience de ce qu'est la pauvreté et qu'ils aient envie de tout faire pour réussir leur vie sociale et savoir aider. Il faut développer en eux la connaissance de l'être humain pour qu'ils soient bons er tolérants.*"

Marielle préconise l'éducation :
"*C'est Marielle et il faut dire comment les humains doivent apprendre à donner de l'amour. Ce n'est pas seulement avec nos livres qui en parlent tout le temps, ni avec les groupes de prières ou ceux qui font du bien pour aider autrui que l'amour finira par rayonner sur Terre.*

Bien sûr que toutes ces actions sont importantes mais la masse des gens qui ne vivent pas dans l'amour est tellement importante que ces petites gouttes d'amour ne peuvent pas se voir assez fort.

Il faut en faire prendre conscience au plus grand nombre et le seul moyen de le faire est l'éducation. Là tout le monde est concerné puisque tout le monde va à l'école. Il faut parler des humains, de leurs défauts à combattre comme l'intolérance, la violence, la jalousie, l'orgueil, l'égoïsme pour les principaux. Il faut montrer les conséquences mais il faut chercher à savoir comment faire pour les combattre car constater et même expliquer les dégâts qu'ils font ne suffit pas.

Il faut savoir comment le remplacer par le bien. En même temps, tout n'est pas négatif chez les êtres humains. Il faut aussi parler des qualités et de ce que certains sont capables de faire pour se sortir d'affaire ou des actes de courage et de dévouement pour autrui car il faut aussi montrer ce qui est bien et bon chez les gens. "

Loreen dit « il faut donner de l'Amour ». Certaines personnes ont du mal à se projeter lorsque nous parlons de « donner de l'amour ». C'est abstrait pour elles. Elles se demandent comment donner de l'amour à quelqu'un d'inconnu car elles raisonnent au niveau des sentiments humains. Elles ne comprennent pas comment faire car elles ne sentent pas ce que veut dire « donner » dans une situation immatérielle. Ce n'est pas une notion mentale mais vibratoire. Tout ce qui est bien est positif donc relié à l'Energie de l'Amour. Nous n'avons pas besoin de faire une démarche mentale particulière.

Si vous avez l'habitude de méditer, vous vous mettez en accord avec les Ondes divines. Là c'est la même chose. Faire des actions bonnes nous connecte aux vibrations de la Conscience divine, c'est se mettre en harmonie avec l'Amour universel. Le bien est toutes les attitudes bonnes que nous avons l'occasion d'avoir toute la journée. Tout ce qui concerne le bien est de l'Amour : un sourire échangé, caresser un chien, une parole aimable, aider quelqu'un si l'occasion se présente.....Ce sont les gestes quotidiens qui sont les plus grands véhicules de l'Energie de l'Amour.

Il en est de même pour les pensées négatives. Elles nous connectent à un niveau vibratoire de faible fréquence de l'Energie de l'Amour, nous mettant en relation avec des pensées peu évoluées.

Nous « donnons des ondes d'Amour » avec tout ce que nous faisons de bien sans nous en rendre compte. Loreen a écrit « c'est facile, il suffit de ne faire souffrir personne ». Cela demande à être attentif à son comportement et de ne rien dire ni ne rien faire qui peut porter tort à autrui à tous les niveaux.

Pas besoin d'y penser. Cultiver les qualités humaines, l'empathie, être capable d'écouter autrui sans jugement, avec détachement affectif mais fraternité est la bonne démarche. Voir, derrière le comportement parfois agressif d'autrui, avec lucidité, toute la souffrance ou le mal être de cette personne est une attitude de compassion à laquelle vous pouvez donner le nom « d'amour, de fraternité, d'ouverture d'esprit, de neutralité »…..

Cela demande à tenir compte d'autrui et non de nous. De faire taire les réactions de l'égo négatif toujours prêt à se révolter contre les autres pour les dominer comme si cela donnait plus de valeur. Ce changement d'attitude envers soi-même en tout premier lieu est faire du bien, à soi tout d'abord. C'est de la considération que nous accordons à notre être véritable et du respect pour soi.

Quand nous envoyons des ondes d'aide pour la guérison physique ou affective de quelqu'un que nous ne connaissons pas, comme cela se pratique dans les groupes de prières, il est plus facile de ne pas s'investir émotionnellement.

Chacun a sa façon personnelle d'envoyer de l'énergie à ceux qui souffrent. Nous pouvons visualiser une silhouette et l'entourer de la Lumière blanche qui est la couleur de l'Energie divine. Si nous ne voyons pas, ce n'est pas grave, c'est la pensée qui agit et peu importe que nous voyions ou pas.

Lorsqu'il s'agit de personnes aimées, il est difficile de faire taire l'émotion et de rester neutre. Nous pouvons être tentés de supplier Dieu d'accéder à notre demande. Nous tombons dans le travers émotionnel en contradiction avec la Nature divine. L'Amour est, il n'a pas besoin d'être sollicité avec émotion mais avec Amour, ce qui est différent.

L'Amour est un sentiment qui déclenche des émotions de bien-être et de joie. L'émotion dont il est question ici est un sentiment d'angoisse qui a pour conséquence un état affectif de souffrance.

Toute la mauvaise foi dont nous faisons preuve et les critiques qui sortent inconsciemment de notre pensée agissent aussi sur notre conscience.

Lorsque nous avons une attitude de bonté envers autrui, c'est aussi envers nous. Les ondes de la bonté que nous engendrons se répandent partout autour de nous et elles atteignent tout le monde et nous aussi.

Le bien que nous faisons n'est pas extérieur à nous. Il nous aide à progresser sur les échelons de l'Energie de l'Amour universel. Ce que nous faisons pour les autres a les mêmes conséquences sur nous. Que ce soit du bien ou du mal.

Les ondes de nos attitudes positives s'ajoutent à l'Amour divin puisque ce sont des ondes de la même gamme vibratoire. Elles aident l'humanité entière à progresser vers le bien. Cet amour s'ajoute à l'Amour existant et fait progresser le Divin en fréquence vibratoire, augmentant sa Force vitale. Il s'agit toujours d'une action vibratoire. Beaucoup plus facile à utiliser que nos pensées morales qui nous poussent à supplier Dieu et qui n'ont, d'ailleurs, aucun effet puisque l'Energie divine n'est pas sensible aux suppliques qui ne font pas partie de sa Nature.

Le guide Ilona a écrit le message suivant pour préciser les conséquences de nos jugements, le 22/12/2024 :

« Tout ce que vous pensez, dites et faites rejaillit sur autrui. Sur vous en premier puisque cela vient de votre pensée et sur autrui puisque les ondes sont illimitées. Elles atteignent tout le monde. Parfois, les gens pensent que ce qu'ils disent dans le dos des autres n'aura aucune conséquence puisqu'ils n'ont pas entendu. C'est raisonner au niveau matériel, des relations humaines mentales. C'est ignorer que les pensées sont des énergies, des ondes que vous émettez en paroles et qui ont une conséquence sur les gens qu'elles concernent mais aussi sur tout le monde. Si vous dites du bien les vibrations positives de votre pensée vont les aider. Si vous dites du mal, elles vont desservir la personne en provoquant une baisse de son niveau vibratoire.

Tout ce que chacun dit nous affecte, affecte la personne concernée et toutes les autres personnes. De plus, vous êtes doublement affectés par les propos que vous tenez et par le fait que vous n'avez pas le droit de juger autrui ».

Ne pas critiquer ne veut pas dire qu'il faut tout accepter. Nous pouvons avoir des opinions et ne pas être d'accord avec ce que dit quelqu'un. Heureusement, sans quoi nous serions sans pensées personnelles et cela serait un défaut de personnalité. Il s'agit en fait de critiquer le moins possible, chaque fois que nous pouvons l'éviter.

Il convient surtout de ne pas juger « ce que les autres sont » ou qu'ils nous semblent être. Nous n'avons pas à émettre des critiques sur l'aspect physique ou les qualités et les défauts des autres. Nous avons les nôtres et nous n'aimerions pas avoir des reproches.

Nous ne voyons bien chez nos frères humains que ce qui est le reflet de nous-mêmes car nous ne sommes sensibles qu'à ce que nous connaissons. Ce que nous critiquons chez les autres, que nous voyons de toute évidence, est peut-être ce que nous sommes.

L'amour fraternel, l'amour solidaire, se manifeste de plus en plus lorsque de grands malheurs frappent des populations entières lors de grandes catastrophes qui détruisent tout dans divers pays.

Ce que qui a été vécu à cause de la pandémie du Covid en 2020 et 2021 a révélé que les humains sont fraternels, qu'ils ont le sens de l'entraide et de la bonté. Cette pandémie aura pour conséquence une évolution des consciences grâce à la révélation des qualités d'amour de la plupart des gens. Il y a ceux qui, dans le domaine médical, ont donné sans compter pour sauver des vies. Il y en a beaucoup d'autres, moins médiatisés, qui se sont mobilisés pour aider les plus démunis, en portant des repas, en rassemblant de la nourriture, des dons, pour les aider à vivre, à manger. Certains ont découvert leurs qualités fraternelles, auxquelles ils n'auraient pas pensé sans cette grande misère. Beaucoup veulent continuer dans cette voie.

Caroline, une messagère elle aussi, a écrit ce message le 7 mai 2016. Elle parle de l'amour que les humains doivent apprendre à donner. Ce message me semble bienvenu et très actuel.

"C'est Caroline. Je suis très fière d'écrire pour dire quelque chose sur l'Amour de l'Au-delà. Ici, il n'y a que de l'Amour. Mais comment se manifeste-t-il-sur Terre, cet Amour de l'Au-delà ?

Vous ne le sentez pas. Enfin, je veux dire qu'il n'y a pas beaucoup de monde qui le sent car pour le sentir il faut se brancher sur lui et se mettre en harmonie avec lui.

Les vibrations de la Terre sont trop basses pour que l'Amour soit conscient pour vous. Je parle de l'Amour Inconditionnel et non de l'amour mental et affectif des hommes les uns pour les autres ou pour les animaux.

Non, l'Amour de Dieu, celui dans lequel nous vivons, n'est pas mental. Il est un "état psychologique", dirons-nous, une façon d'être dans le don de soi et l'aide à autrui. L'aide aux autres n'existe pas que sur la Terre. Ici aussi, les êtres spirituels s'aident les uns les autres et même ils vous aident, et vous aussi vous les aidez par vos prières et vos bonnes pensées à leur égard.

J'ai dit que l'amour est très peu vécu sur Terre. Mais il y a des gens altruistes et bons. Heureusement, il y a plein de gens qui font du bien mais il y en a beaucoup plus qui ne font rien pour autrui. Ils ne pensent qu'à eux et ils ne pensent pas à partager ou à aider de quelque façon que ce soit. Ils sont aimables mais ils ne donnent rien, ils n'y pensent pas.

L'Amour que nous vivons ici peut être vécu par vous aussi sur Terre car il n'y a qu'un seul Amour qui s'exprime à des degrés différents puisqu'il existe tous les degrés du plus bas au plus haut. Nous appelons le "non-amour" les niveaux de conscience des humains qui ne se posent pas la question de savoir ce qu'est l'amour fraternel. Il y en a qui disent que c'est eux d'abord et que les autres se débrouillent tout seuls. Et il y en a qui ne se posent pas de questions car ils vivent leur vie, tout simplement.

Mais tout le monde connaît l'amour, celui qui est pour les humains, l'attirance pour une personne à aimer avec son cœur et avec ses sentiments. C'est la première forme ou expression de l'amour. Je parle de l'amour que l'on donne à tous sans se poser de questions et que l'on appelle inconditionnel car il n'y a pas de marchandage. Ce n'est pas un troc de ceci contre cela. C'est un élan vers autrui sans qu'il demande rien et il se donne à tous, même à ceux qui ne sont pas dans le besoin. En fait, c'est une façon permanente d'être. On est tout amour, à tout moment, pour tout ce qui existe. La pensée est toujours tournée vers la bonté et l'harmonie pour reconnaître la beauté des fleurs, de la nature, des animaux et des hommes dans leur vie et dans leurs actions.

Sur Terre, il faut vivre l'amour à travers les comportements quotidiens, en voyant toujours la beauté des choses et des êtres parce-que la beauté, c'est de la lumière et la lumière c'est de l'amour. Tout ce qui est positif est l'expression de l'Amour et tout ce qui est beau aussi car la beauté est reliée au bien. Elle donne un sentiment de bien-être et de paix et la paix est l'expression de l'Amour, enfin, une des expressions de l'Amour.
L'amour ne s'exprime pas par « l'Amour tout court ». Il a des expressions diverses. C'est à travers ces expressions diverses qui sont liées au bien que l'on sait que c'est de l'Amour.
Il y a le bien que l'on fait matériellement. Il y a le bien que l'on fait psychiquement et il y a le bien que l'on fait spirituellement par les bénédictions et les prières.
Donc, l'amour s'exprime à trois niveaux et chacun a sa façon de le manifester. "

Les humains de la Terre entière, lors de cette pandémie, se sont mobilisés pour aider sans se demander s'ils auront une récompense pour cela. C'est ça, le véritable amour. Donner sans attendre de retour, sans poser de conditions ou demander une compensation. La récompense que nous recevons lorsque nous aidons de façon inconditionnelle est la plus gratifiante. Personne ne nous la donne. Nous nous « la donnons à nous-même » car en agissant ainsi, nous faisons grandir notre être spirituel, notre âme, et nous avons accès à des plans spirituels de plus grande compréhension.

« *Le bien que l'on fait matériellement* » concerne tous les actes bienveillants. Il s'agit de notre attitude envers autrui, envers nos semblables adultes et enfants avec lesquels nous sommes en contact, notre famille et notre entourage.

Mais aussi envers les animaux, petits et gros, lorsque nous avons le souci de respecter leur vie et leur façon de vivre. Ils sont tous utiles à l'équilibre des espèces en régulant le nombre d'individus. Ils n'ont pas besoin de l'intervention des humains, l'équilibre entre victimes et prédateurs se fait tout seul.

Nous ne pensons pas souvent au rôle des plantes. Elles communiquent entre elles et les informations qu'elles échangent leur permettent de se développer là où leur vie est préservée et où elles seront utiles.

C'est une « façon d'être » que nous pouvons acquérir facilement en contrôlant notre comportement. Il suffit d'ouvrir sa conscience à la raison de la vie de tout ce qui existe.

« *Le bien que l'on fait psychiquement* » comprend toutes les bonnes pensées que nous avons, notre compréhension de la vie et de notre relation fraternelle avec autrui. Les bons sentiments qui nous poussent à ne pas juger mais à aider chaque fois que nous en avons l'occasion en se rendant disponible mentalement pour aider ceux qui ont besoin de compréhension afin de trouver l'apaisement psychologique.

« *Le bien que l'on fait spirituellement* » comporte l'aide spirituelle que nous envoyons vers ceux qui en ont besoin par nos prières de demande d'aide. Nous sollicitons l'aide divine afin de les aider dans leurs difficultés matérielles mais aussi au sujet de leurs problèmes de santé. Nous pouvons renforcer l'action de notre demande en faisant brûler une bougie longue durée sur laquelle nous avons imprimé notre pensée, pour une personne ou plusieurs personnes concernant le même problème à résoudre. Notre pensée s'imprime sur les ondes de la Conscience universelle comme une continuelle répétition pendant tout le temps où la flamme est allumée. Cette demande permanente renforce notre action.

En dehors des demandes d'aide à la Conscience divine, nous pouvons agir nous aussi en captant mentalement la Lumière blanche du Divin et en la dirigeant vers une personne à aider. Nous lui envoyons de l'énergie qui lui donnera de la force.

Dire je t'aime n'est pas dans les habitudes de tous les humains.
Nous ne pensons pas toujours à dire je t'aime à nos proches. Lorsque ma petite fille Loreen était encore là, je lui disais qu'elle était une merveilleuse petite fille, sage,

appliquée, protectrice pour sa petite sœur qu'elle aidait beaucoup. Mais lui ai-je dit suffisamment que je l'aimais ?

Après son départ, le 18 mai 2008, elle nous a dit que les sentiments d'amour sont plus forts dans l'Au-delà que sur Terre. Elle disait en TCI ou en écriture automatique qu'elle nous aime très fort. J'ai pris conscience que dire je t'aime est important. Maintenant, j'en use le plus possible. Nous avons pris l'habitude de l'écrire à la fin de nos messages et de montrer nos sentiments.

L'amour aide ceux que nous aimons, qu'ils soient sur Terre ou dans l'Au-delà. Les enfants envolés demandent de l'amour, que les parents leur en envoient plutôt que des pleurs, cela les aide à être heureux et à progresser. Les pleurs sont des ondes de souffrance qui rendent nos enfants très malheureux. La plus grande preuve d'amour que nous puissions leur donner est de les rendre heureux.

Dans le livre « la vie des enfants dans l'au-delà » certains enfants ont écrit ne pas pouvoir trouver la paix à cause de leurs parents qui pleurent très souvent.

Dire « je t'aime » permet d'entretenir le lien d'amour qui nous unit à ceux que nous aimons, à le montrer et à le faire vivre. Lorsqu'un être cher disparaît, beaucoup de personnes pensent qu'elles ne lui ont pas donné assez d'amour, assez d'attention ou assez de visites. Elles éprouvent des regrets. Il faut en prendre conscience avant qu'il ne soit trop tard, tant qu'ils sont encore là.

Nous entrons dans l'Ere du Verseau. Les vibrations cosmiques se sont accélérées et ont provoqué un changement de l'intensité vibratoire de l'Univers. Tout le monde est touché par ces nouvelles vibrations.

Notre corps est affecté par cette accélération et des transformations se produisent notamment au niveau de la mémoire génétique et de l'ADN.

Vibrant plus vite, les ondes se spiritualisent et nos consciences ont accès à de nouvelles connaissances, nous comprenons plus facilement que l'Amour est la nature de l'Energie universelle. Nous ne faisons qu'un avec elle, et nous sommes aussi des énergies d'Amour. Nous ne faisons qu'un avec la Source Créatrice car nous appartenons à la même gamme vibratoire qu'elle.

Tout est activé et ressenti plus fortement. Le bien que nous ferons sera plus fort et nous en bénéficierons car il vibrera sur les ondes de l'Amour. Mais le mal aussi sera amplifié et nous en subirons les conséquences plus fortement. Le mal est insidieux. Nous n'avons pas l'impression de faire du mal aux autres quand nous les critiquons. Pourtant, nous leur envoyons des ondes de basse fréquence qui sont connectées au non-amour.

Comme ces ondes viennent de nous, elles nous atteignent en premier.

LES DEGRES DE L'AMOUR

« Dieu n'a pas une qualité d'Amour, il est l'Amour lui-même », a écrit Loreen pour son livre Loreen vit dans l'Au-delà. Il est l'état vibratoire universel, l'Energie qui emplit tout l'Univers et qui a créé pour se révéler et se manifester à travers les êtres vivants. L'un des buts de la vie est de le découvrir et de le faire vivre.

Etant une énergie, il se manifeste de sa fréquence la plus basse à la plus haute, de son expression matérielle à son expression spirituelle. Nous le vivons en fonction de notre capacité à le ressentir et à l'exprimer en relation avec notre affectivité. Il est un sentiment.

Au niveau spirituel, il est l'énergie qui baigne le monde invisible et dans laquelle les âmes vivent. L'Amour est un état permanent, "l'oxygène" des êtres spirituels qui les nourrit de son énergie. Les êtres spirituels le donnent à tous les humains et à toutes les âmes qui demandent de l'aide, sans jugement. Nous l'utilisons lorsque nous envoyons les ondes protectrices de la Lumière Blanche vers les personnes qui souffrent dans le but de les guérir ou de les aider.

Les sentiments lui sont associés. Ils sont la manifestation de l'Amour, vécu par chacun au niveau de compréhension qui correspond à sa capacité à aimer. Il y a autant de façons de vivre et de comprendre l'Amour qu'il y a d'êtres vivants.

Les animaux évolués ressentent aussi de l'amour. Pour leurs petits, pour leurs semblables, pour tous les êtres vivants et les êtres humains. De nombreuses preuves en sont données sur les réseaux sociaux qui leur sont dédiés.

Nous voyons quelles marques de reconnaissance ils manifestent à ceux qui les ont sauvés ou élevés. Nos animaux de compagnie sont en adoration devant nous, à condition de ne leur faire aucun mal sinon ils auront peur de nous et ne montreront aucune affection.

Si nous prenons le temps d'apprendre à les connaître, nous découvrirons à quel point ils sont intuitifs et à quel point ils nous protègent. Mais aussi à quel point ils sont intelligents. Ils ont un grand avantage sur nous, c'est qu'ils ressentent les vibrations de nos pensées et qu'ils savent repérer celles qui sont bonnes ou mauvaises. Ils sont attirés par les personnes qui les aiment. Ils fuient celles qui ne les aiment pas.

Angélique, messagère, explique ainsi les différents niveaux de manifestation de l'Energie de l'Amour. (7 mars 2016) :
« Il y a l'amour tout court des cœurs et puis il y a l'amour des âmes qui est l'amour des êtres humains les uns pour les autres. C'est autre chose que l'amour des

membres d'une famille. Cet amour-là est l'amour fraternel. Il s'exprime par la compassion, l'altruisme, la solidarité.

Puis il y a l'amour à son niveau le plus haut sur Terre. C'est l'amour spirituel, celui que vous donnez par vos prières, vos bénédictions et toutes les pensées que vous envoyez à tous ceux qui en ont besoin. Ce sont là les principales expressions de l'amour sur Terre. Et, bien sûr, l'amour spirituel est l'amour inconditionnel que l'on donne sans jugements ni à prioris.

L'Amour que nous connaissons dans l'Au-delà est tout d'abord la Vibration d'Amour qui est Dieu et dans laquelle nous vivons. Ce qui fait que lorsque vous dites qu'après le départ de la Terre vous allez vivre auprès de Dieu, cela est vrai dans l'absolu puisque l'Amour est Dieu et qu'il est partout autour de nous et en nous comme en vous ».

L'Amour est une onde électromagnétique, la Puissance créatrice du Divin, dont la nature est Intelligence, Amour et Conscience. La Conscience permet à l'Intelligence d'exercer ses capacités créatrices. La Conscience divine a créé des lois immuables pour organiser le monde matériel dans un ordre parfait.

La Conscience divine est une énergie qui porte en elle tous les niveaux d'expression de l'Amour. A chacun de ses plans vibratoires correspond un niveau de compréhension de la Réalité divine qui s'exprime à tous les niveaux.

L'Amour primordial est la nature du Divin, l'Energie qui anime tout le monde matériel et spirituel. Cet état d'Amour est la matrice de toutes les formes d'amour des plus primaires aux plus évoluées. Nous sommes des cellules de cet Amour, nous sommes nous aussi l'Amour. Les consciences humaines sont des expressions de la Conscience divine au niveau de compréhension qui est le nôtre.

Il n'y a qu'un seul Amour dont nous faisons partie, qu'une seule Conscience dont nous sommes les expressions individuelles. Il n'y a pas Dieu avec ses attributs et nous avec les nôtres. Nous sommes une seule énergie, un seul être vibratoire. La Conscience divine est toute entière en nous mais nous n'en exprimons individuellement que ce que nous sommes capables de comprendre du Divin.

L'amour que les hommes vivent sur Terre est un amour partagé. Il met en relation les uns avec les autres dans un échange de sentiments ou au contraire d'opposition. Les sentiments vont de l'un à l'autre. Il y a dualité.
Avec le Divin il y a unité. Cela veut-il dire que nous devons nous adresser à lui sans sentiments ? Non, l'amour que nous exprimons est un sentiment.

L'Amour inconditionnel concerne les pensées d'aide que nous adressons à autrui sans jugement de valeur. Nous pouvons visualiser la Terre dans un cocon de Lumière blanche ainsi que tout ce qu'elle contient. Nous envoyons ainsi à l'humanité la force de progresser.

Message de Loreen : (16/03/2024)

« Les humains sont habitués à envoyer de l'amour à Dieu qu'ils voient comme l'un des leurs, avec un corps physique et un mental qui reçoit leurs pensées. Maintenant, il faut se poser la question de savoir comment ce Dieu qui nous ressemble peut connaître chacun de nous et nous protéger individuellement. C'est une invraisemblance. En toute logique s'il est à notre image matérielle, il a les mêmes facultés que les nôtres. Hors les capacités de Dieu sont illimitées, pas les nôtres. Nos compétences ont des limites que notre évolution de conscience peut développer à partir de ses connaissances limitées.

Dieu vu en tant qu'énergie éclaire la pensée : une Energie intelligente, une puissance créatrice illimitée qui a pour attribut la Conscience parfaite et l'Amour.

Le Divin est le champ de force primordial qui a voulu créer pour faire vivre son Amour dans des êtres vivants sensibles capables de sentiments. Etant l'énergie de l'Amour, son seul souci est de le voir se répandre à travers les expériences de la vie des humains et de tous les êtres vivants capables de sentiments. Voilà pour dire qui est Dieu.

Chacun de nous a un niveau d'évolution de conscience qui lui est propre. Il s'agit d'un état vibratoire, pas d'une évaluation de « plus » ou « moins » évolué au sens où nous avons l'habitude de le comprendre mentalement. Dans le monde des énergies spirituelles, il n'y a pas de jugement de valeur ni de comparaison. Il s'agit de l'état de compréhension que nous avons à un moment donné et qui est en perpétuelle évolution car nous expérimentons à notre insu les différentes facettes de l'Amour à travers ce que nous vivons.

« Il faut raisonner vibrations », a écrit Loreen et penser autrement qu'avec les notions mentales que le monde matériel nous propose. Les lois vibratoires fonctionnent avec les caractéristiques qui sont celles des énergies et non des lois sociales inventées par les humains pour diriger le comportement des hommes. Les valeurs morales ne s'appliquent pas au monde des énergies.

Il n'y a pas « l'amour-sentiment » ressenti par les hommes et, à côté, l'Amour universel qui est l'état de l'Univers. Un état vibratoire, pas un état personnalisé. C'est la même énergie qui s'exprime à des fréquences vibratoires différentes et véhicule des compétences différentes. L'amour-sentiment ne disparaît pas. Lorsque nous envoyons vers la Conscience divine nos remerciements ou nos pensées de reconnaissance, c'est bien avec un sentiment d'amour.

La Loi universelle est celle de l'Amour. L'Amour inconditionnel est la forme la plus forte de l'Amour, celle dans laquelle nos sentiments sont les plus altruistes car cet amour ne juge pas, ne cherche pas des raisons d'être donné ou pas. Il est envoyé sous forme d'une lumière blanche, par exemple, à toute la Terre, que nous pouvons imaginer ou visualiser afin de régénérer le plan terrestre et augmenter sa force vitale. De même à tous les êtres vivants, faune, flore, humains ou à une personne en particulier. Il ne s'agit pas d'évaluation d'un mérite ou pas, c'est de l'énergie que nous canalisons et donnons.

Le fait de ne pas voir cette énergie envahir le globe terrestre n'est pas important. Notre pensée est créatrice et c'est elle qui provoque les effets.

L'Amour est universel. Il s'exprime de la fréquence la plus basse à la plus haute. Celle-ci est illimitée car en perpétuelle progression. Les messages mettent en relief les expressions de l'Amour.

Marie est une messagère qui a écrit depuis longtemps pour tous les livres. Elle présente les différents niveaux de l'Amour :

« *Sur la Terre, l'Amour s'exprime dans les niveaux de non-amour, de violence et de cruauté et petit-à-petit ses vibrations de plus haut niveau sont de plus-en-plus perceptibles par les humains. Ainsi, l'Amour doit être vécu et utile à tous puisqu'il rejaillit sur tous.*

Il y a l'Amour dans l'Au-delà qui est l'Au-delà de la Terre et qui se situe au niveau du plan terrestre mais qui fait partie du continuum « monde visible-monde invisible » entre lesquels il n'y a aucune séparation. Tout cela concerne la manifestation de l'Amour pour notre monde.

Et puis il y a l'Amour Universel qui englobe toutes les expressions de l'Amour sur chaque planète habitée et chacune d'elles comme nous à son monde visible et sa continuité dans le monde invisible. Chaque planète a sa propre lumière qui est la dominante du niveau de conscience des êtres qui l'habitent et qui a des couleurs différentes suivant les niveaux. Tous les mondes sont inclus dans l'Amour Universel, c'est-à-dire l'Energie Universelle et chacun a sa propre spécificité. Mais tous fonctionnent comme la Terre car il n'y a qu'une seule Loi Divine et une seule façon de la vivre. Le but est le même partout : donner de l'amour ».

L'Amour de Dieu et l'amour des hommes n'existent pas séparément. Il n'y a qu'une seule Energie d'Amour. Elle est perçue différemment sur Terre et dans l'Au-delà car il s'agit de différence de taux vibratoire. Mais c'est toujours l'Amour Divin qui se manifeste par les expériences des individus. Les humains l'utilisent en fonction de leur capacité à le comprendre, à le vivre et à le donner.

Sur Terre, nous avons conscience de « l'amour-sentiment ». Celui qui provoque en nous des émotions, positives ou négatives, et qui nous pousse à agir en fonction de nos ressentis. Nous le vivons comme nous le comprenons.

L'Amour inconditionnel n'est pas compris. Cet Amour-là est le milieu dans lequel les êtres de l'au-delà vivent. Il est partout donc sur Terre aussi puisqu'il ne peut pas exister partiellement en certains endroits et pas dans d'autres. Ce sont êtres humains qui ne le sentent pas.

Donc, ceux qui l'ignorent ne savent pas qu'il existe. C'est la même situation que celle des âmes du bas-astral. La différence entre elles et nous, c'est que les guides vont les enseigner pour qu'elles comprennent alors que nous, nous devons le découvrir par nous-mêmes à l'aide de nos expériences de vie.

L'Amour de Dieu n'est pas un sentiment mais un état vibratoire. Sur Terre, nous vivons dans l'atmosphère et nous ne nous posons pas de questions à son sujet. Nous savons que nous avons besoin de l'oxygène qu'elle contient pour entretenir notre vie.

Dans l'au-delà, «l'atmosphère » est l'Amour. Il est la Source de Vie de nous tous, sur Terre également car il ne peut pas exister en un lieu et pas ailleurs. En tant qu'énergie, il se manifeste à tous les niveaux de son expression vibratoire. Nous aussi, nous sommes dans cette onde d'Amour mais nous ne savons pas l'utiliser pour la plupart d'entre nous.

Il n'est pas un sentiment. Nous pouvons nous « brancher » sur lui et le donner sans le moindre ressenti négatif mais seulement le désir d'éclairer la conscience de ceux qui font du mal ou qui ont besoin d'aide. Il s'exprime par la Lumière Blanche que nous pouvons mentalement diriger vers le (la) destinataire de notre visualisation.

L'Amour Universel est l'Energie de l'Univers. Tout comme l'Au-delà du monde terrestre est l'Energie dans laquelle nous vivons. Nous ne pensons que rarement que nous vivons dans un monde vibratoire qui est l'Energie de l'Amour. Si nous pensions « amour » qui nous aide à régler nos « difficultés », nous serions capables de gérer nos problèmes avec lucidité.

LE MONDE EST A L'IMAGE DE CE QUE NOUS PENSONS

Il n'existe pour nous que ce que nous voyons et savons. Nous n'avons pas conscience de ce que nos yeux ne perçoivent pas. Si nous avons peur des araignées et qu'il y en ait une sur le mur sans que nous l'ayons vue, nous n'avons aucune réaction. Dès que nous « prenons conscience » de sa présence, nous poussons des cris et nous montons sur une chaise. Tant que nous ne l'avions pas vue elle n'existait pas pour nous.

Il en est même pour toutes choses : des pays dont nous n'avons jamais entendu parler, des animaux dont nous ignorions l'existence et des conditions de vie des humains dans divers lieux du globe. Nous « n'avons pas conscience » des souffrances endurées par les habitants des pays pauvres qui manquent de nourriture, des pays sous dictature dont les ressortissants vivent dans la peur d'arrestations arbitraires et de tortures et autres conditions de vie intolérables.

Cette méconnaissance nous permet de vivre sans soucis. Nous vivons en fonction de notre milieu de vie, de notre entourage immédiat, la famille, le travail, les amis.

En conséquence nos jugements ne reflètent pas la Réalité mais notre vérité. Celle que notre mental peut concevoir à travers le filtre de notre compréhension. Nos jugements sont partiels car ils ne reflètent qu'un aspect de ce qui est, que nous exprimons en fonction de ce que nous comprenons, en rapport avec ce que notre conscience peut admettre.

Ils sont aussi partiaux car ils dépendent de notre niveau d'évolution de conscience et ne reflètent que ce que nous connaissons. Ce que nous pensons et disons n'est vrai que pour nous et sont la conséquence de l'image que nous avons du Divin.

Ne pas juger est une attitude sage car nous ne savons pas tout et nous ne pouvons pas donner notre avis comme si nous possédions la connaissance complète.

Beaucoup de personnes donnent leur avis sur ce qu'elles considèrent comme vrai. Par exemple, « il n'existe que ceci ou cela », ou bien « ce que vous dites est faux ». Ce sont des opinions personnelles exprimées comme des vérités. C'est un comportement inconscient. Il correspond à des pensées avec lesquelles elles sont en accord. C'est « leur » vérité.

Mais il y a la Réalité que nous ne pouvons pas changer. C'est à nous de chercher à la comprendre afin d'être connecté à ce qui est et non plus à ce que nous imaginons.

Nous créons notre « bulle » d'existence en rapport avec nos convictions. L'essentiel est que nous fassions en sorte qu'elles soient en harmonie avec le bien car c'est la seule chose qui peut nous aider à développer toutes nos qualités et nos compétences. Notre compréhension du Divin évolue chaque fois qu'une situation nous permet de réfléchir et d' analyser.

Toutes nos connaissances enrichissent notre conscience. Les expériences du monde matériel ont une conséquence sur les compétences mentales, la compréhension des philosophies humaines, les sciences, la technologie et tout ce qui concerne le bagage intellectuel du mental humain.

Elles n'ont aucune conséquence sur nos compétences spirituelles car celles-ci ne dépendent pas du monde matériel. Nos connaissances spirituelles sont liées à notre compréhension de la Nature divine et de la nôtre.

Il s'agit du niveau d'évolution de notre conscience. Sa fréquence vibratoire augmente en fonction de notre capacité à aimer. Le bien que nous faisons nous fait évoluer en compréhension de l'Amour au fur et à mesure que nous le vivons.
Notre progrès concerne le développement de nos connaissances acquises dans le monde matériel, liées à l'intelligence et le développement de notre conscience.

Clara, messagère, a écrit ce message concernant le sujet de ce chapitre (30/08/2024) :
« Pour faire l'analyse de soi, il faut dans un premier temps reconsidérer qui est Dieu et notre lien avec lui.

Lorsque vous aurez compris sans nul doute que Dieu n'est pas un être humain et que vous réussirez à enlever de votre pensée et de votre comportement toutes les craintes et les blocages que la religion fait vivre aux humains depuis 2000 ans, vous aurez l'esprit libre pour voir qui est vraiment Dieu, sa nature vibratoire et son Energie d'Amour.

Puis, en comprenant qu'il n'y a qu'une seule énergie d'Amour, vous comprendrez qu'il ne peut pas y avoir Dieu et vous séparés mais Dieu et vous en une seule Energie. Vous conclurez que vous êtes comme lui des êtres divins.

C'est alors que vous chercherez en quoi vous êtes semblables à lui, quels sont vos attributs que vous partagez avec lui.
Le vrai travail sur vous pourra alors commencer en profondeur ».

Se débarrasser de nos réactions instinctives telles que : « qu'est-ce que j'ai fait pour mériter une telle punition ? » alors que les punitions n'existent pas mais que ce qui nous arrive est uniquement la conséquence de nos paroles, pensées et actions. Il vaudrait mieux dire : « quelle erreur ai-je commise pour que je me sois trompé(e) ? ».

Le fait que Dieu ne punit pas a pour conséquence qu'il ne dirige pas notre vie et que nous sommes libres de faire ce que nous voulons. Nous rendons le Divin responsable des difficultés de notre vie alors que c'est nous qui les provoquons par les choix que nous faisons et qu'ils sont sous notre seule responsabilité.

Se débarrasser des croyances aux punitions divines et se responsabiliser demande une attention permanente, surtout qu'autour de vous, la plupart des gens raisonneront comme vous le faisiez. Y résister demande de l'application. Avec le temps, vous n'y penserez plus car vous aurez changez votre façon de ressentir et de penser. Ce sera un comportement automatique.

Nous sommes amenés à comprendre que Dieu et nous ne faisons qu'un et que, par conséquent, nous sommes semblables à lui, c'est-à-dire que nous avons les mêmes capacités créatives que lui. Nous avons la possibilité de nous créer nous-mêmes tel que nous souhaitons être.

Lorsqu'un malheur nous arrive, nous avons tendance à dire : « mais qu'est- ce que j'ai fait pour mériter ça ? » La notion de mérite n'existe que dans le monde matériel. Si ce malheur nous frappe c'est que nous l'avons généré mentalement par nos pensées, inconsciemment, et les circonstances de la vie l'ont provoqué.

Dans « les lettres du Christ » (édit. Atlantes) Jésus explique ce qu'il a appris pendant sa vie terrestre et ce qu'il a compris à ce sujet (lettre 1) :

« Tous les problèmes liés à une existence difficile résident dans le processus de pensée de l'homme lui-même! C'est seulement "l'état de conscience "des gens

(c'est à dire leurs pensées, paroles, sentiments et actions) qui créent une barrière dense entre leur conscience et la Conscience Universelle Créatrice, laquelle imprègne l'Univers en chaque feuille, arbre, insecte, oiseau, animal, être humain.

Il me fut montré les LOIS DE L'EXISTENCE gouvernant l'aptitude humaine à créer de nouvelles circonstances, un nouvel environnement, des relations, la réussite ou l'échec, la prospérité ou la pauvreté.
Ce que l'homme CROIT profondément être, en bon ou en mauvais, il le deviendra.
Ce que l'homme CRAINT que d'autres lui fasse, ainsi lui feront-il.
Ce que l'homme ESPÈRE que d'autres lui feront, il doit d'abord le leur faire, puisqu'il crée alors un "modèle de conscience " qui reviendra vers lui dans la mesure où il aura donné aux autres.
Tout ce qui émane du cœur et de l'esprit de l'homme lui revient tôt ou tard sous une forme ou une autre ».

Si nous pensons être inférieurs aux autres, nous aurons une attitude qui nous dévalorise et nous créons cet état d'infériorité. Si nous avons une vision juste de nous-mêmes, si nous avons de l'assurance, les autres nous percevront comme une personne équilibrée et c'est ce que nous serons.

La morale populaire dit : « comme tu fais tu as ». Lorsque nous agissons, nous créons des circonstances de vie particulières qui font partie de notre façon d'être, d'agir, de penser et même d'aimer. Nous recevons dans la mesure de ce que nous donnons. C'est une question d'harmonie vibratoire avec les ondes spirituelles. Pas une question de récompense car le Divin est une énergie et il n'évalue pas notre mérite.

Notre personnalité reflète l'opinion que nous avons de nous-même. La Conscience universelle reçoit les pensées que nous lui envoyons et elle les enregistre comme étant réalisées. Nous conditionnons notre personnalité à devenir ce que notre pensée a généré. C'est pour cela que Dieu dit dans « conversations avec Dieu de Neal Donald Walsh », que remercier en même temps que nous demandons prouve que nous croyons sans nul doute à la réussite de notre demande.

La pensée est créatrice et nous créons pour nous-même ce que nous pensons. Cela est vrai pour nos craintes et nos espoirs. Notre conscience s'imprègne des ondes que notre pensée, nos paroles et nos actions ont créées. Elle produit les pensées auxquelles nous croyons et elles prennent vie, pour les pensées positives mais aussi les pensées négatives.

Les personnes qui ont une personnalité équilibrée ne doutent pas d'elles, elles ont confiance en leur capacité de réussite et de réalisation. Nous sommes le maître de nous-même et personne ne peut nous influencer si nous le décidons.

Nous n'avons pas une nature prédestinée, avec des attributs contre lesquels nous ne pourrions rien faire. Nos qualités et nos défauts ne nous sont pas imposés par le

Divin, ni par notre guide, ni par aucun être spirituel. C'est nous qui les créons par notre façon de vivre les relations avec autrui et par la façon dont nous les comprenons.

Tout ce que nous créons mentalement revient vers nous parce que la Conscience universelle a enregistré ce que nous avons dit. Les pensées valorisantes nous valoriseront alors que les pensées dévalorisantes nous dévaloriseront. Nous l'avons programmé nous-même.

Nous parlons de karma, de redevance de nos actes lorsqu'ils sont mauvais. Lorsque nous vivons une situation similaire à celle de quelqu'un envers qui nous avons eu de mauvais propos, nous pensons à une punition divine. Nous avons créé des « empreintes de conscience » qui s'inscrives sur les ondes de la Pensée divine à l'identique de ce que nous avons dit.

L'empreinte que nous laissons fait que la Conscience divine provoquera pour nous la même situation, puisque nous l'avons programmée. Ce n'est pas un jugement mental dont nous porterions les conséquences par décision divine mais une action vibratoire par attirance de ce que notre pensée a généré dans la Conscience universelle.

LA PERSONNALITE

LES EXPRESSIONS DE L'EGO

L'ego est l'expression de la personnalité. Il est le gardien de notre individualité et il assure notre survie, provoquant des réactions d'auto-défense. C'est un comportement inconscient et instinctif. Cette rébellion nous affecte et nous portons un fardeau émotionnel en permanence qui nous rend vulnérable aux pensées négatives. La force vitale est affaiblie et la capacité du corps physique à se maintenir en bonne santé est amoindrie ou détruite. Maîtriser les réactions affectives permet de bien gérer son ego.

L'ego (ou la personnalité) a deux facettes.

L'une positive qui a pour but le développement de l'individu de façon harmonieuse, en nous faisant prendre conscience de nous-même, de nos qualités qui nous aident et de nos défauts que nous devons connaître. L'égo bien géré donne le courage de s'investir dans des actions qui demandent d'avoir une personnalité bien affirmée pour être efficaces.

L'autre négative lorsque l'importance que l'on accorde à soi-même est exagérée. Cette notion de soi, qui ramène tout à nous, donne la première place à nos ressentis : nous sommes plus malade que les autres, nous avons plus travaillé qu'eux, nous sommes plus victimes de la vie. Nous attendons en retour de la compassion pour nous réconforter. Cette forme d'égo nous pousse à nous plaindre pour attirer la compassion d'autrui.

Ou bien nous cherchons à nous valoriser. Pour cela, nous avons toujours raison et l'impression que nous détenons la vérité, que nos pensées sont les seules qui soient vraies, ce qui s'apparente à de l'orgueil. Il peut pousser les individus à agir uniquement selon leurs désirs et pour leur seule satisfaction. C'est alors de l'égoïsme car il ne tient compte que de soi.

Les pensées des hommes provoquent des comportements destructeurs lorsque le sens du profit personnel prend le dessus sur les attitudes raisonnables. Presque tout le monde connaît cette rébellion interne qui nous met en colère et entraîne des paroles et des actes de révolte que nous regretterons. L'ego ne raisonne pas, il agit instinctivement, sans la moindre réflexion.

Sous l'emprise de ses impulsions, notre pensée émet des vibrations négatives. Elle crée des « empreintes » de conscience disharmonieuses qui affectent notre vie. Elles agissent négativement sur notre entourage, créant des tensions relationnelles. Cette façon négative de manifester sa personnalité est le contraire du but de Dieu, qui est que nous apprenions à vivre dans l'Amour. Il ne s'agit pas d'éliminer l'ego lorsqu'il se manifeste de façon positive mais de limiter son importance afin de ne pas se laisser diriger par ses tendances négatives.

Le monde dans lequel nous vivons est un monde vibratoire « d'impulsions de conscience, d'Amour et d'intelligence. » La « substance » de cette force est l'électromagnétisme, qui est l'Energie universelle. Tout ce qui existe, le monde matériel et le monde spirituel, sont des formes d'énergie de conscience.

Message du guide Eugénie : 14/02/2024 :
« L'électromagnétisme est l'Energie créatrice de l'Univers. Elle agit de deux façons :

L'électricité est la force vive qui met en mouvement les énergies, les impulsions de conscience, en transportant ses ondes d'un point à un autre, d'un générateur vers un récepteur. Le mouvement électrique permet de transporter les informations, de leur donner une impulsion.

Le magnétisme conduit les attirances et les rejets, les connivences et les oppositions. Il permet aux pensées de s'exprimer de façons positives ou négatives au sens moral du terme. C'est une des raisons qui fait qu'il y a connivence, accord, compréhension ou au contraire opposition et refus ».

Comprendre la Source de notre être, c'est-à-dire la nature du Divin, est la voie qui mène à la maîtrise de l'ego, donc de notre personnalité.

Nous prenons conscience de notre place dans le plan divin. La prière et la méditation nous mettent en harmonie avec la Conscience divine et nous permettent d'élever la fréquence vibratoire des ondes de notre conscience.

Chacun de nous est une conscience individuelle, qui agit par attirance ou rejet et qui laisse une empreinte énergétique sur tout ce qui est et ce avec quoi nous sommes en contact. Il y a transfert d'ondes des uns aux autres, de nous aux autres, êtres vivants ou objets. Rien n'est séparé puisque tout est ondes qui se transmettent dans tout l'entourage.

Les pensées que nous avons à chaque instant atteignent ceux qu'elles concernent. Ce que nous pensons va par attirance énergétique vers son destinataire, mais aussi sur tout l'environnement que ce soit un être vivant ou un objet. Par exemple, lorsque nous achetons une maison, les pensées de ses anciens propriétaires ont laissé des « empreintes de conscience », c'est-à-dire que la maison est imprégnée des pensées, des paroles et des actions de ses habitants. Ses ondes reflètent les vibrations que leur comportement a générées. S'il y avait du bonheur ses ondes sont positives. S'il y avait des conflits et du malheur, elle reflète tout ce qui a été vécu négativement.

Guide Eugénie 14/02/2024 :

« *Les impulsions de conscience s'expriment par les pensées. Celles-ci engendrent des comportements, en paroles ou en actions, qui sont l'expression de l'ego. Les formes d'énergie de conscience sont les pensées qui sont les vôtres. Vous créez des ondes qui agissent en fonction de leur nature à chaque instant.*

Les pensées sont des énergies qui émettent des impulsions ou des pulsions d'énergie qui émanent de vous, comme des jets d'ondes qui ressemblent à une respiration. Ces émanations sont issues des ondes de votre conscience qui exprime une idée ou un sentiment ou un ressenti qui prend vie et produit son effet en fonction de ce que vous vouliez exprimer.

A chaque fois que vous pensez, vous créez un champ vibratoire qui va se manifester en vous, autour de vous et qui va s'étendre partout dans l'Univers car les pensées n'ont pas de limites. Elles sont des pures énergies et envahissent tout le cosmos.

Les milliards de pensées se rassemblent en des égrégores de même niveau vibratoire et forment des « sphères » spécifiques à chaque idée émise. Ce sont des sphères de conscience. Donc, les impulsions de conscience émises par les pensées individuelles forment un tout qui a une conséquence sur chacun. Tout s'influence mutuellement et toutes les pensées de même fréquence vibratoire sont des énergies génératrices de bien ou de mal.

L'ego a sa place dans tout cet entrelacé énergétique de pensées contradictoires. L'ego ne doit pas émettre des idées qui sont contraires à la Loi divine mais contribuer à faire de soi un être de bonté ».

Les « impulsions de conscience » sont produites par nos pensées. Elles sont les particules d'énergie de la conscience qui peuvent être plus « hautes » ou plus « basses » énergétiquement selon la nature des pensées. Ce changement d'état vibratoire agit sur les niveaux d'énergie, faisant varier les schémas mentaux et la qualité des émotions.

Nous sommes seuls à produire les conditions de notre vie car nous sommes les seuls à donner vie à nos pensées en fonction de ce que nous croyons. La qualité de nos ressentis a une conséquence sur la qualité de l'énergie de notre conscience.

Nous pouvons dire que le niveau d'expression de la Pensée universelle sur Terre est la somme de toutes les pensées individuelles. Nous sommes créateurs des conditions de vie dans lesquelles nous vivons.

Les humains ont créé un état mental basé sur la satisfaction des envies de l'ego que tous les moyens de communication mettent en avant. Ils flattent les tentations en les présentant de façon à faire croire qu'elles seules sont importantes.

Certains individus ne vivent que pour satisfaire leurs convoitises sans se demander si cela leur est utile. La bonne attitude est d'adopter un comportement équilibré, dit Loreen.

Avec toutes ces pensées qui privilégient la vie personnelle, il est difficile de s'intéresser aux autres. Il est facile d'oublier ses amis et sa famille, sans mauvaises intentions mais parce que les propositions de plaisirs personnels sont nombreuses et occupent toutes la pensée.

Message de Loreen à ce sujet : 26/02/2024 :

« Penser à soi et penser aux autres est la bonne attitude suivant les circonstances. Ne pas tendre la main à quelqu'un qui a besoin d'aide psychologique ou matérielle est un manque de fraternité qui est contraire à la Nature d'Amour du Divin dont nous faisons tous partie. Ce manque de fraternité fait baisser les ondes spirituelles de la conscience et maintient l'individu sur un bas niveau vibratoire.

Lors de l'arrivée dans l'au-delà, ces âmes n'auront accès qu'aux taux vibratoires du bas-astral. Elles seront étonnées d'être là et souffriront psychologiquement.

Ne penser qu'à autrui et s'oublier n'est pas une vie exemplaire comme beaucoup le croient. En agissant ainsi, l'âme-personnalité ne peut pas faire les expériences qu'elle aurait dû faire pour progresser. Il n'y a pas évolution de la conscience alors que tous les individus sont incarnés pour progresser.

En toutes circonstances, les comportements excessifs sont à éviter ».

Les différentes cultures nous montrent que les êtres humains créent eux-mêmes les conditions de leur vie. Les aborigènes ont des coutumes et des croyances, issues de leurs observations et en fonction de leurs besoins, ainsi que tous ceux qui vivent dans les tribus des zones équatoriales ou tropicales qui se sont adaptées aux conditions climatiques. Dans le grand nord les coutumes sont différentes, liées aux exigences matérielles imposées par le climat mais également par les traditions.

Chacune de nos pensées exprime un aspect de notre personnalité. Au niveau psychologique, chercher à se connaître nous aide à nous comporter en fonction du bien. Nous « façonnons » notre milieu matériel selon ce que nous souhaitons, nos besoins et nos envies. Chacun conçoit le monde dans lequel il vit suivant ses ressentis, ce qu'il comprend et ce qu'il connaît. Il y a autant de perceptions différentes que de personnes.

L'énergie a une expansion illimitée donc elle imprègne notre environnement matériel et les êtres qui y vivent. Tout ce que chacun crée par ses pensées ne nous affecte pas. Nous sommes influencés par celles qui sont en harmonie avec les nôtres. La conséquence est que chacun prend le chemin qui convient à son ouverture de conscience, avec des comportements bons ou mauvais, qui auront des effets favorables ou non dans la vie, suivant les choix.

NOTRE PENSEE EST CREATIVE

Nous avons les mêmes capacités que la Pensée divine. Nous sommes créateurs comme elle. Nous créons des machines, des habitations. Les scientifiques ont analysé les éléments simples. Ils ont mis au point des médicaments, inventé des objets utilitaires, des véhicules. Tout cela grâce au pouvoir créateur de la conscience humaine. Cela sur le plan matériel.

Sur le plan des créations mentales c'est la même chose. Nous réalisons nos projets, nos rêves, nos choix suivant notre capacité à les mettre en place. Nous créons à chaque instant les conditions de notre vie personnelle, sociale, familiale, amicale, relationnelle.

Nous demandons au Divin « d'exaucer » nos désirs. Dieu exauce automatiquement ce que nous demandons car nos demandes s'inscrivent sur les ondes de la Conscience universelle par attirance vibratoire, sans aucune intervention. La force avec laquelle notre demande s'imprègne sur les ondes de la Conscience universelle dépend de la puissance avec laquelle nous l'envoyons.

L'énergie de notre pensée provoque un état vibratoire de haute intensité qui s'inscrit fortement sur les ondes de la Conscience universelle. Si nous sommes dans l'hésitation ou le doute, les ondes de notre pensée ont une faible puissance et agissent comme un frein. Cela est vrai pour toutes les circonstances de la vie : projets, sport et toutes les activités.

La réalisation dépend de la conviction que vous y mettez. La force de votre opinion provoque un état vibratoire de forte intensité qui agit car il est puissant.

Le mérite pour ce que nous faisons n'est pas pris en compte car il ne s'agit pas d'une évaluation mentale. Il relève de notre comportement social et de notre vie matérielle, il n'a aucune répercussion sur la réalisation de notre demande.

La façon de demander est importante. Si nous supplions Dieu de nous exaucer, cela ne sert à rien puisque les énergies ne sont pas sensibles aux raisons morales et affectives. Le Divin fonctionne au niveau des lois vibratoires, pas morales. Il est inutile d'expliquer nos motivations. Tout ce que nous vivons est enregistré automatiquement sur les ondes de la Conscience divine et nous pouvons dire que Dieu sait tout de nous.

Ce que nous demandons reste parfois sans effet. Nous pensons que nous ne méritons pas que Dieu s'intéresse à nous car nous sommes dans une estimation morale du jugement Divin. Dieu n'évalue pas nos mérites, cela n'est pas sa démarche. La raison en est différente.

Si notre demande ne se réalise pas, il peut y avoir plusieurs raisons. Peut-être que ce n'est pas ce qu'il nous faut. Il y a un lien avec le bien-fondé de notre démarche et sa réalisation. Nous pensons qu'il y a jugement du Divin alors qu'il s'agit seulement de compatibilité vibratoire. Parfois, la réalisation arrive plus tard, c'est-à-dire au moment où c'est utile.

La réussite n'est pas automatique. Nous devons agir. Les ondes produisent les circonstances favorables mais personne ne fait les choses à notre place. Il faut agir nous-même. Travailler sur soi pour comprendre, réfléchir, faire les bons choix, est la bonne démarche.

L'état d'esprit avec lequel nous agissons a une grande importance. Triste, dans l'hésitation, nous faisons des mauvais choix le plus souvent. Confiant, heureux, engagé, nous créons une ambiance vibratoire favorable.

La prière est celle du cœur. Remercier en même temps. Le remerciement « en même temps » que la demande montre que vous croyez sans nul doute en la réalisation de votre souhait puisque vous remerciez.

Les prières religieuses, qui envoient à Dieu des compliments, sont sans effets lorsqu'il s'agit d'une demande d'aide. Le seul bénéfice de ces prières « toutes faites » est que ceux qui les récitent le font avec amour et que ce sont les ondes de l'amour manifesté qui atteignent la Conscience divine. Elles correspondent à des prières de gratitude.

Les demandes que nous adressons à Dieu, à l'aide d'une bougie à effet « longue durée » comme les bougies de neuf jours, mais aussi les bougies de durée plus courte, sur lesquelles la pensée que nous y avons imprégnée dure pendant tout le temps où la bougie brûle, ne produisent parfois aucun effet positif et nous ne comprenons pas pourquoi. La façon de demander a une importance. Nous demandons ce que nous pensons être bon pour nous.

Le Christ a dit qu'il faut demander à Dieu « ce dont on a besoin ». Dieu sait ce qui est le meilleur pour nous. Je l'ai fait et le résultat n'a pas été celui auquel je m'attendais mais une prise de conscience de la personne à aider qui m'a téléphoné pour me poser des questions. Ses réflexions ont été bénéfiques pour elle. Il fallait d'abord une prise de conscience de sa part.

Elodie est une messagère, un ange elle aussi. Elle a écrit ce message le 12/08/2024 pour ce chapitre.
« Je vais parler de la croyance sans nul doute à nos besoins. Beaucoup de personnes hésitent à prendre des responsabilités, fuient par peur de l'échec, du jugement d'autrui ou le manque d'assurance. D'autres savent prendre des décisions et des responsabilités. Chacun de vous doit croire en lui car tous vous avez la force divine en vous puisque vous faites partie de Dieu.

Cela révolte les fidèles de la religion que l'on puisse prétendre se comparer à Dieu. Ils sont dans le démarche religieuse qui consiste à dire qu'il y a Dieu et nous alors qu'il y a nous en Dieu.

Si Dieu est une Energie, il emplit tout le cosmos et rien ne peut exister en dehors de lui. Donc nous faisons tous partie de lui, c'est-à-dire intérieur à lui. Nous faisons tous partie de la gigantesque Conscience divine qui imprègne tout. Nous sommes elle, comme un seul être. Donc, nous sommes des êtres divins, tout simplement et il n'y a aucun blasphème puisque Dieu est une Energie. Il ne s'embarrasse pas de tous les états d'âme des humains, qui n'ont pas de raison d'être. Nous sommes avec lui en une seule Energie d'Amour et notre devoir est d'y rester en une seule et même entité ».

Nous faisons tous partie de la Conscience divine qui emplit l'Univers et qui l'imprègne entièrement. Nous avons la même nature vibratoire que Dieu. Nous sommes des êtres divins. Nous avons les mêmes capacités créatrices que lui. Au fur et à mesure de notre évolution de conscience nous progressons sur les échelons de l'Energie de l'Amour et nous acquérons de plus en plus de capacités créatives. C'est ce que nous appelons « le progrès spirituel ».

Le processus de l'évolution de la conscience est simple. Nous avons chacun notre niveau de conscience relatif à notre compréhension de l'Amour. Nous évoluons spirituellement en fonction du bien que nous faisons. Le bien est positif, il génère des ondes qui s'ajoutent à celles de l'amour originel car tout ce qui est bon, beau, bien et vrai est de l'Amour en raison des ondes positives qu'ils produisent.

Ce bien que nous faisons nous fait évoluer en conscience, nous « incluant » plus haut énergétiquement dans l'Amour universel. Il n'y a rien d'autre à faire que cela, pas d'efforts particulier si ce n'est d'être attentif à ne faire souffrir personne. Nous seuls pouvons le faire par notre façon de penser, de parler et d'agir.

Notre comportement avec notre famille, notre entourage social, notre attitude avec nos collègues sont importants. Suivant ce qu'il est, nous pouvons mettre la mauvaise ambiance ou de la joie dans les relations, de la paix et de la confiance. Les conséquences sont graves si nous mettons la mauvaise ambiance dans notre famille ou avec nos collègues. Pour soi en premier. Cela se traduit par une mauvaise santé en particulier, des problèmes psychologiques, une dépression nerveuse, des souffrances morales destructrices.

L'Amour dont nous parlons au niveau spirituel n'est pas celui des sentiments humains. L'Énergie du champ de force de L'Amour est un état vibratoire qui a pour principale action de faire vivre tout ce qui existe dans le bain des ondes positives de l'Amour. Dans le livre « la vie des enfants dans l'au-delà » mes messagers disent qu'on ne voit pas Dieu car il est une Energie mais qu'on le sent. « C'est comme une couverture chaude qui nous enveloppe » disent certains d'entre eux.

Si nous pensons que le Divin est un être anthropomorphique qui nous ressemble, nous croyons être différents de lui. Il serait extérieur à nous. Nous serions ses créatures qu'il dirigerait comme un chef qui impose sa volonté. Nous serions conditionnés et dirigés sans la moindre liberté.

Notre nature est la même que la sienne. Nous sommes une seule énergie de la même gamme vibratoire donc nous avons « conceptuellement » les mêmes capacités créatives que lui.

Notre niveau d'évolution de conscience est inférieur à celui de la Conscience divine. C'est pour cela que nous ne pouvons pas créer comme lui. Nous le pouvons seulement au niveau d'évolution de notre conscience et de la compréhension qui lui est associée. Pour chacun de nous il n'existe que ce en quoi nous croyons et ce que nous connaissons.

Message de Béatrice. Elle est un ange qui a écrit pour les livres depuis plusieurs années : 13/08/2024.
« Merci mamie de me demander d'écrire un message.

Apprenez à vivre heureux. Changez votre façon de penser. Soyez persuadés que les punitions divines n'existent pas. Le Divin vous a créés libres dans le but que vous découvriez les différentes façons d'aimer pour votre bénéfice.

Plus vous faites du bien plus vous évoluez. Cela veut dire que vous comprenez de mieux en mieux qui est Dieu et que vous comprenez qu'il est l'Amour. Que l'un de ses buts est que vous soyez heureux.

Lorsque votre conscience évolue sur les degrés de l'Amour, elle a accès à de nouvelles connaissances. Apprendre, même ce qui correspond à la vie matérielle, est un enrichissement. Plus vous savez de choses, plus vous apprenez sur tous les sujets, plus votre ouverture de conscience est grande et connectée à la Conscience divine.

Vivez heureux pour augmenter les vibrations de votre planète qui en a bien besoin car il y a beaucoup d'humains qui font tout pour la détruire. Ils sont poussés par les entités du bas-astral les plus mauvaises. Soyez lucides, le bien que vous faites vous place à un niveau de conscience que les entités néfastes ne peuvent pas atteindre.

Ne vous souciez pas de savoir si vous êtes méritants sur le plan moral. Cela n'existe que dans la vie matérielle, pas sur le plan spirituel. Vous n'avez pas à craindre Dieu, il ne vous donne que de l'Amour, surtout pas des punitions ».

Le bonheur est une énergie positive car il procure du bien-être. Il fait partie des Energies de l'Amour. Toutes les souffrances provoquées par la peur des châtiments divins rendent malheureuses les personnes qui y croient. Elles génèrent des ondes négatives qui sont contraires à l'Amour. Si Dieu nous infligeait des punitions, il agirait en contradiction avec lui-même. Il freinerait notre évolution spirituelle et notre ouverture de conscience. Son but est que nous puissions évoluer, par les expériences de notre vie, de plus en plus haut vibratoirement sur les énergies de sa Conscience.

Par nature, l'Amour ne fait que du bien. Il ne donne que du bonheur. Je parle de l'Amour spirituel, pas des sentiments liés à l'affectivité des humains, qui est variable et est vécu de ses expressions les plus hautes aux plus basses, de sa manifestation la plus noble à son contraire qui est la haine.

L'Energie de l'Amour est toujours disponible pour chacun de nous. Elle est le « bain » vibratoire dans lequel nous vivons tous, l'Energie qui soutient la vie de tous les êtres vivants.

Les êtres humains qui veulent détruire la planète détruisent les conditions matérielles qui sont nécessaires à leur existence. Détruire les forêts va priver un jour la planète d'oxygène et asphyxier toute vie. Détruire les animaux sans discernement va dérégler l'équilibre biologique. L'appauvrissement des sols fait que les végétaux produisent moins et que la nourriture manque. Tout cela a déjà commencé.

Les jugements négatifs de soi nous empêchent de vivre normalement. Si nous nous dévalorisons sans cesse, nous perdons confiance en nous et cela retarde notre progrès. En se croyant incapables de réussir quoi que ce soit, nous ne prenons pas d'initiatives, nous ne faisons pas de projets car peur nous retient.

Chacun de nous a en lui une grande richesse liée à ses capacités intellectuelles et à son imagination. Nous avons tous de la valeur. Il suffit d'y croire, d'avoir un peu d'amour pour soi et de chercher à comprendre « qui nous sommes ».

Dans le livre « conversations avec Dieu » Neal Donald Walsh publie les messages qu'il reçoit de Dieu en réponse à ses questions. Ils expliquent la relation du Divin avec les humains, sa façon d'agir ainsi que sa Nature divine.

« Toute ta vie, tu l'as passée à te convaincre que tu es mauvais. Non seulement que tu es mauvais, mais que les choses que tu désires sont mauvaises. Le sexe est mauvais, l'argent est mauvais, la joie est mauvaise, le pouvoir est mauvais, tout ou presque. Certaines de tes religions t'ont même fait croire qu'il était mauvais de

danser, que la musique était mauvaise, qu'il était mauvais de célébrer la vie. » (N. D. Walsch)

Les religions considèrent que l'homme est né mauvais, chargé d'une tare karmique originelle, c'est-à-dire d'une redevance envers Dieu dont personne n'est responsable. A force de nous dire que nous devons payer des dettes que nous ne connaissons pas, nous sommes désorientés.

La peur suscitée par le mal, fait qu'il tient une place importante dans notre vie car nous avons peur des représailles divines. Nous nous dévalorisons et cultivons inconsciemment un sentiment de culpabilité. Nous pensons être le jouet de « diables » qui agissent en nous influençant. Les diables n'existent pas, c'est une vue de l'esprit provoquée par la croyance à influence de ces entités imaginaires qui seraient différentes des humains.

Nous voyons une similitude entre l'enfer inventé et le bas astral. Dans le bas-astral vivent des âmes bien réelles qui ne connaissent pas l'Amour. Elles évolueront elles aussi, comme chacun d'entre nous, quand elles comprendront progressivement que Dieu existe.

La réalité est bien différente.

Dieu est l'Amour, le bien le plus pur. Il a créé des êtres vivants afin qu'ils fassent vivre son Amour. L'Amour Divin est parfait, nous sommes à son image spirituelle, nous aussi somment des êtres parfaits « en devenir » qui doivent évoluer vers la Perfection divine par le bien qu'ils font. Tout ce que nous vivons, les ressentis et les sentiments, sont liés à la Perfection lorsqu'ils sont positifs.

Les ressentis et sentiments négatifs ne dépendent pas de Dieu mais de l'affectivité mal maîtrisée des êtres humains.

Face aux doutes et aux interrogations de Donald Walch, voici ce que Dieu lui a dit :

« Tu es la bonté, la miséricorde, la compassion et la compréhension. Tu es la paix, la joie et la lumière. Tu es le pardon et la patience, la force et le courage, celui qui aide en cas de besoin, celui qui réconforte en cas de chagrin, celui qui guérit en cas de blessure, celui qui enseigne en période de confusion. Tu es la sagesse la plus profonde et la vérité la plus élevée. Tu es la plus grande paix et le plus grand amour. »

Ce sont les qualités que chaque être humaine possède et qu'il doit révéler.

Nous ne sommes pas parfaits à cause du manque de connaissance de soi. Nous avons à apprendre à aimer pour ressembler de plus en plus à Dieu. Nous manifestons notre mauvaise nature par ignorance de qui nous sommes. Pour lutter contre nos défauts lorsque nous en avons pris conscience, cherchons le beau, le bien, le bon, le vrai qui sont en nous. Ainsi, les tendances négatives disparaîtront si nous les remplaçons par leur opposé.

Nous devons porter notre attention sur nos qualités. Nos défauts disparaissent progressivement par les expériences de la vie lorsque nous avons compris que faire le bien nous connecte aux ondes positives de l'Energie de l'Amour divin. Cette façon de se connaître et de se comprendre demande une autre approche.

Il est nécessaire de chercher à comprendre qui nous sommes en étant attentifs à notre comportement et en étant lucides de ce que nous faisons de bien et de mal. Portons notre action sur le bien qui est en nous. Cherchons la joie dans nos relations, donnons de l'amour à notre entourage, aidons si nous le pouvons et cultivons la satisfaction de soi. Pas l'autosatisfaction à cause d'un égo mal employé mais celle que nous avons lorsque, en toute conscience, nous voyons le résultat de ce que nous faisons de bien. Nous répandons ainsi des ondes positives qui nous aident à progresser, à « briller plus », à illuminer la conscience collective de l'humanité et à manifester notre nature divine.

LES EMOTIONS

Les émotions sont difficiles à dominer. Suivant notre affectivité, nous nous laissons envahir plus ou moins par le désarroi et cela provoque des troubles du comportement qui provoquent des souffrances. Apprendre à **gérer les émotions négatives** nous permet de vivre de façon équilibrée.

Afin d'aider ses élèves en formation professionnelle à gérer le stress, ma fille a fait intervenir le coach mental de ma petite-fille sur le thème des émotions. Je partage avec vous l'essentiel de ce qu'il a dit.

Nous pensons qu'il faut dominer nos émotions pour les empêcher de nous influencer car souvent elles provoquent des réactions négatives. Nous sommes des êtres d'émotions. Nous avons le droit d'en avoir. Pour les accepter, le travail consiste à les comprendre et à les nommer pour bien les identifier, en utilisant un plan de réflexions analytique. En se posant des questions, comme celles-ci par exemple :

1 : Sous l'action d'une émotion négative, comment je me sens ? Déçu(e), frustré(e), humilié(e), incompétent(e) ? Pourquoi ? Est-ce parce que mes ressentis me ramènent à des traumatismes psychologiques inconscients ? ….Lesquels ?

2 : De quoi ai-je besoin pour sortir de mon incompréhension ? Quelles qualités dois-je développer ?....

Cette recherche permet de donner du sens à nos émotions, à les exprimer par la pensée et à les nommer pour les comprendre.

L'analyse de ce que l'on a fait dans la journée permet de mettre en évidence nos émotions, ce qui facilite l'acceptation. La prise de conscience de ce qu'elles sont est le premier travail. Il s'agit de comprendre les causes et d'être positif.

3 : Que puis-je faire ? Nous oublions de réfléchir aux solutions.

Rester dans le « pourquoi » ne résout pas les choses. Examiner les solutions possibles, chercher quel comportement j'aurai dû avoir permet de trouver des solutions.

D'où le processus : réflexions et analyse, objectifs à se fixer, agir pour les atteindre. C'est par l'investissement de la pensée et les moyens d'action qu'elle propose que nous pouvons avancer.

4 : Les outils pour nous aider :

La maîtrise du stress, des émotions négatives, passe par la maîtrise du corps.

La respiration consciente permet de se détendre et de mettre le corps dans un état de relaxation favorable aux bons comportements.

-Les respirations profondes permettent à la Force Vitale de transmettre de l'énergie à toutes les cellules du corps en leur apportant le maximum d'oxygène : inspirer à fond par le ventre et les poumons, partie basse et haute, avec le nez, bloquer un peu pour que s'évacue le maximum de gaz carbonique et expirer par la bouche.

-Les exercices de relaxation : faire le vide mental, dans une position confortable. Prendre conscience de toutes les parties du corps en commençant par les pieds jusqu'à la tête et refaire l'exercice en sens inverse, ce qui permet d'évacuer les ondes négatives par les pieds jusque dans le sol.

-La méditation active (avoir une pensée en tête et laisser les idées venir librement) et la méditation passive, (sans aucun sujet) et accepter toutes les pensées qui arrivent dans le mental.

Les illusions provoquées par les sens nous induisent en erreurs. Les sens provoquent en nous des émotions liées aux impressions affectives. Nous pouvons trouver extraordinaire un tableau alors que notre voisin qui regarde le même ne l'appréciera pas. C'est notre affectivité qui produit les sensations et elles sont différentes pour chacun. Elles ne révèlent pas une compréhension objective mais la façon dont nous percevons notre entourage, c'est-à-dire la nature, les animaux et les humains. Chacun aime ou n'aime pas et les avis divergent. La façon de comprendre l'environnement est différente pour chacun d'entre nous.

Les illusions sont celles de nos sens : vue, goût, ouïe, odorat, toucher qui nous font percevoir le monde à travers le filtre de nos ressentis. C'est pour cela que l'on dit que tout est illusion. Ce qui nous semble vrai ne l'est que pour nous. Certaines personnes se régaleront de sucreries alors que d'autres ne les aimeront pas. Certains préfèrent la mer alors que d'autres aiment la campagne. En dehors du fait qu'il y a des choses positives et d'autres dangereuses ou négatives, notre conception de la réalité nous est personnelle et elle est unique, différente de celle des autres.

L'appréciation du temps et de l'espace est un autre exemple qui prouve que nous sommes soumis à nos impressions. Le temps paraît long lorsque nous nous ennuyons et court si nous nous divertissons. De même un trajet nous donnera l'impression d'être interminable, alors que dans d'autres circonstances il nous paraîtra court.

Chacun vit dans son monde d'illusions sans en avoir conscience. Nos perceptions offrent des facettes de compréhension de la vie qui nous sont personnelles. Dire de façon absolue qu'une chose est vraie ne correspond en réalité qu'à notre opinion. C'est la source de bien des conflits qui pourraient être évités si chacun était capable de dire : « d'après ce que je pense »…. Ou « d'après ma compréhension…… » Et pouvait accepter l'avis des autres comme étant l'expression de leurs ressentis.

Nathalie, est un an. Elle est une de mes messagères depuis plus de dix ans. Elle a écrit ce message le 11 avril 2023 en concordance avec ce sujet :

« Les hommes vivent dans l'illusion de leurs ressentis et ils le savent bien. Ils aiment et se persuadent qu'ils ne pourront pas aimer quelqu'un d'autre puis ils n'aiment plus et ils détestent. Ce sont des états du mental influencés par les ressentis, par l'affectivité.

Etre conscient de l'action de l'affectivité sur notre comportement peut nous aider à réfléchir avec objectivité et à agir avec objectivité.

L'illusion est votre ennemie. Elle transforme les pensées et vous entraîne à des jugements souvent faux dont le but inconscient est de vous donner raison et de vous rassurer.

Le progrès de la conscience passe par la maîtrise de soi et la stabilité, la tolérance et la capacité à voir les choses avec justesse. »

La peur est une émotion négative qui provoque un bouleversement affectif nous empêchant de maîtriser nos réactions. Elle peut avoir des conséquences sur le comportement que nous ne soupçonnons pas, des conséquences incontrôlées qui peuvent avoir de graves répercussions.

Nous connaissons les peurs qui ont une manifestation physique, celles qui stressent et qui empêchent de dormir. Nous nous comportons souvent sous l'emprise de nos peurs profondes, encrées dans le subconscient et que nous ne décelons pas. Lorsque nous nous comportons de façon hésitante, dans le doute, nous pouvons nous demander pourquoi. Il se peut que nous comprenions la raison qui nous fait agir ainsi si nous cherchons en nous l'origine de ces peurs inconscientes. Si nous arrivons à les déceler, nous pouvons les éliminer.

Tous les comportements excessifs sont guidés par la peur et non par l'amour. Nous oscillons sans cesse entre ces deux tendances. Par exemple, lorsque nous rencontrons l'amour nous avons peur que l'autre n'ait pas des sentiments aussi forts que les nôtres. Puis, nous avons peur de le(a) perdre. Nous n'avons pas conscience que la peur est à l'origine de notre façon de faire. Elle agit insidieusement et nous ne décelons pas ses conséquences car nous ne savons pas que c'est elle qui est à l'origine de nombreux comportements et que nous ignorons leurs causes. Elle provoque des attitudes contraires à notre bien.

Elle est en harmonie avec les basses vibrations. Elle provoque des comportements excessifs qui entraînent beaucoup d'erreurs. L'amour est facilement décelable car il élève la pensée et procure du bien-être. Tous ce qui n'est pas l'un est l'autre.

En cherchant "en nous" qui nous sommes par une analyse introspective de notre comportement, nous pouvons découvrir ce qui nous bloque et ce qui nous rend heureux. Mais parfois l'aide de thérapeutes est utile pour nous guider et nous aider à comprendre, par l'hypnose consciente, la sophrologie, le yoga par exemple.

La peur de la mort est très angoissante, celle de perdre les « *biens matériels que nous possédons, la peur de ne plus voir nos êtres chers, de ne plus avoir de relations avec eux, la peur de l'inconnu et celle du châtiment éternel, entretiennent la peur de la mort.*

Cet état mental est très présent chez les personnes âgées qui n'ont pas cherché à savoir ce que sera leur vie après la vie terrestre. De nombreux laboratoires de compléments alimentaires proposent des produits miracles pour maintenir la vie jusqu'à cent ans et plus ». (Message)

Une bonne hygiène de vie empêche le vieillissement prématuré. La dégradation du corps est le processus normal qui conduit à la fin de vie. Elle nous fait accepter l'idée de partir et même parfois d'en finir au plus vite. D'autres, malgré un état d'indigence avancé, refusent de mourir et s'accrochent à la vie. Leur détermination recule le départ jusqu'au moment où il ne sera plus possible de lutter car le corps ne pourra plus assurer la vie biologique.

Toute cette peur pourrait disparaître si le désir de savoir et de comprendre ce qui nous attend dans l'autre monde nous poussait à nous renseigner.

Qu'est-ce que la mort ?

Le passage d'un état à un autre. Nous sommes des âmes et non des corps. L'âme est notre véritable "moi". Elle est une énergie, une onde-pensée et elle est éternelle. Elle se retrouve dans l'Au-delà telle qu'elle était sur Terre, avec la même personnalité. Elle est contenue dans un corps psychique qui lui permet de vivre comme dans le monde matériel.

Nous ne passons pas dans un autre monde. Le plan énergétique de la Terre est une seule énergie qui s'exprime sur tous les degrés vibratoires de l'Energie de l'Amour, du plus faible au plus fort, à l'infini. Notre évolution spirituelle est compatible avec une compréhension partielle de ces degrés.

Nous comprenons qu'il n'y a qu'une seule Energie et que celle de l'au-delà terrestre est la continuité de celle du monde matériel. Il n'y a pas de coupure mais nous l'imaginons parce que nous ne voyons pas le monde spirituel, que nous ignorons ce qu'il est. Nous inventons des explications en fonction de nos ressentis et des convictions que nous nous donnons afin de nous rassurer. Egalement en conséquence de la façon dont nous croyant en Dieu.

Nous pouvons aborder le passage dans le monde invisible avec sérénité lorsque nous savons ce qui nous attend.

Les êtres spirituels vivent au niveau du plan terrestre, sur les ondes invisibles à l'œil physique car leur fréquence vibratoire est trop élevée pour être perçue. Tout ce qui existe a sa correspondance vibratoire, psychique, dans l'Au-delà, tout comme notre corps. Nous vivons là où nous avons toujours vécu. « Il n'y a pas de raison que l'on ait déménagé » a écrit Loreen. Nous continuons à voir nos êtres chers et à être près d'eux aussi souvent que nous le voulons mais sur une fréquence vibratoire trop élevée pour être perceptible par les sens physiques.

Irai-je en enfer ? L'enfer n'existe pas, il est une illusion provoquée par les souffrances que nous vivons. Dieu ne punit pas et ne récompense pas car il nous a créés libres et nous sommes seuls responsables de notre vie. En raison, d'une part, de cette liberté et, d'autre part, que nous avons à faire seuls les expériences de la vie pour évoluer, nous vivons selon notre choix. La logique nous fait comprendre qu'un Dieu qui est l'Energie de l'Amour ne peut faire aucun mal, ce serait contraire à sa nature.
Le monde spirituel est un monde vibratoire composé uniquement des Energies de l'Amour qui est la véritable Nature de Dieu. Il n'y a que du bonheur.

Dans l'au-delà, nous faisons avec notre guide le bilan de notre vie terrestre. Il nous montre tous les détails de notre comportement car tout est enregistré sur les ondes de la Conscience universelle comme sur un disque dur.

La prise de conscience de nos erreurs et du mal que nous avons fait, consciemment ou pas, provoque des regrets. C'est cela la punition que chacun s'inflige à lui-même.

Les pensées d'inquiétude, de crainte, de peur nous enferment dans un état de malaise traumatisant. Les pensées de joies et de bien-être nous donnent du bonheur. Lorsque nous avons un problème important, nous y pensons toute la journée. Nous demandons de l'aide pour trouver une solution, avoir les bonnes intuitions.

Les émotions positives nous poussent à avoir un comportement de confiance en nous et nous aident à mieux gérer notre vie.

Pour que notre demande s'inscrive sur les ondes de la Conscience universelle, elle doit quitter notre pensée et cheminer sur les vibrations spirituelles qui sont le fil conducteur de notre souhait et qui a son aboutissement dans la Conscience divine sur laquelle elle va s'inscrire. C'est une action physique : un émetteur (notre conscience) envoie un message par l'intermédiaire de la pensée, qui se propage sur les vibrations universelles (le conducteur) et qui va s'inscrire sur un récepteur qui l'enregistre, c'est-à-dire la Conscience universelle.

Toutes les vibrations fonctionnent ainsi, même celles qui concernent le monde matériel. Pour l'électricité, nous activons un émetteur par l'intermédiaire d'un bouton de mise en route et le signal se propage le long du conducteur, en l'occurrence le fil électrique, pour produire l'effet souhaité, lumière ou activation d'un moteur.

La loi d'attraction est telle que toute cause produit un effet, visible ou invisible. Les bonnes pensées envoyées vers quelqu'un cheminent sur les ondes environnantes et vont s'inscrire sur un récepteur qui est la pensée de la personne à qui nous les envoyons.

De même pour les actes physiques. Un coup de marteau sur un doigt envoie dans le corps une information qui se propage sur le système nerveux. Elle est reçue par le cerveau qui la transforme en sensation de douleur dans ce cas.

Toute pensée qui ne quitte pas le mental ne produit aucun effet. Pour que se réalise ce que nous demandons, il convient de lâcher prise pour laisser la pensée s'inscrire sur les ondes de la Conscience universelle (ou divine).

Mon guide Anaëlle a écrit ce message à ce sujet :

« *Souvent les gens disent que Dieu ne les entend pas. IL faut préciser qu'il ne s'agit pas de Dieu mais de vous. Dieu n'y est pour rien car il est une énergie et il obéit à la loi énergétique.*

Pour atteindre sa Pensée il convient de comprendre le fonctionnement des énergies qui toutes agissent de la même façon car il n'y a qu'une loi vibratoire.

Que ce soit au niveau des actes matériels ou de la pensée, cela se passe toujours de la même façon. Un émetteur émet des vibrations qui se propagent sur les ondes universelles et qui vont s'inscrire sur un récepteur.

Cela permet de comprendre que tout ce que vous faites, tout ce que vous pensez, tout ce que vous demandez est pris en compte par le système vibratoire selon ce mode de propagation.

Entrent en ligne de compte la foi et la conviction en la réalisation des demandes si c'est le cas. Plus elles sont fortes, plus la conviction est importante et mieux elles se réaliseront. Une ampoule électrique qui reçoit une forte intensité éclairera mieux que celle qui fonctionne avec un faible voltage. »

Ne pas douter de soi nous permet de prendre des décisions réfléchies qui se réaliseront car les ondes de la pensée auront une forte intensité.

Frédéric est le fils d'une amie. Sa mère a écrit avec lui en écriture inspirée. Elle a peur que ce qu'elle entend soit le fruit de son imagination car elle n'a pas confiance en elle. De ce fait, elle n'écrit plus.

Le 21/05/2023, il a écrit ce message à son intention :

« Pourquoi doutes-tu ? Ça n'a pas de sens puisque tu sais que l'au-delà existe, que je suis vivant.

Tout d'abord tu sais que nous sommes sur les taux vibratoires supérieurs à ceux de la Terre et que c'est pour ça que vous ne nous voyez pas. Mais nous ne sommes pas là-haut dans le ciel, dans un espace physique. Notre espace est vibratoire, d'énergies qui vibrent plus ou moins fort et qui sont là au niveau du plan terrestre. »

Les énergies se manifestent à toutes les intensités vibratoires, sans limitations. Nos sens physiques sont compatibles avec les premières vitesses de propagation des ondes.

Lorsque l'intensité croit, elles continuent à se propager sur le plan invisible, sans coupure. Ces énergies ne changent pas de lieu. Elles sont ici, au niveau du plan terrestre. Comme les vibrations qui parcourent la Terre, les différents rayons telluriques qui sont là mais que nous ne sentons pas. Les ondes spirituelles restent elles-mêmes. Celles de la pensée relient les êtres entre eux sur Terre et elles rassemblent sur le plan invisible les âmes entre elles.

Suite du message de Frédéric :

« Tu sais aussi que tu peux communiquer avec moi en écriture inspirée. Tu écris ce que tu entends dans ta tête et tu crois que ce sont tes pensées. Mais non, ce sont les miennes. Comment ta pensée pourrait-elle inventer ce que tu écris ?

Tu agis comme si le Divin portait un jugement sur ton ouverture de conscience.

Tu sais bien que Dieu n'est pas un être humain et qu'il ne juge pas. Il n'y a pas pour lui des êtres plus forts que les autres. Il n'a pas de mental, il n'a qu'une conscience. Le mental est lié au corps physique alors que la conscience est liée à l'âme.

Personne n'est inférieur, simplement plus ou moins conscient de la vérité et cela dépend uniquement de l'ouverture de conscience. La conscience est plus ou moins ouverte suivant la quantité d'amour sous toutes ses formes que l'on est capable de donner. »

Chacun « chemine » sur les ondes de la Conscience universelle en franchissant ses différents degrés.

Le Divin ne porte aucun jugement de valeur, il ne dit pas « celui-ci est peu ou très évolué ». Nous évoluons en permanence, à chaque instant, en raison de nos comportements. Tout jugement figerait qui nous sommes dans une situation de blocage. Ce qui compte est notre progrès spirituel, pas les appréciations du mental humain.

La confiance en soi est importante pour toutes les activités de la vie. Pour le travail, avoir de l'assurance permet de mieux gérer ses compétences et de les utiliser. Elle est un facteur de stabilité, d'assurance et d'un mental équilibré.

Etre soi implique d'avoir confiance en nos pensées, sans avoir besoin de l'appréciation d'autrui. Cependant, partager nos idées avec les autres peut nous donner un avis différent du nôtre et nous apporter des éléments de réflexion utiles pour peser le pour et le contre mais nos décisions doivent venir de nous uniquement. Faire ce que l'on nous conseille sans réfléchir parce qu'on nous l'a dit est abandonner son libre arbitre et se conformer aux pensées qui ne sont pas les nôtres.

Nous nous imposons parfois des contraintes opposées à ce que nous voulons pour faire plaisir, pour rendre service. Ce comportement peut avoir des conséquences néfastes sur le moral et la santé si nous sommes longtemps soumis aux obligations astreignantes que nous nous sommes imposées.

En adoptant les pensées d'autrui, nous ne sommes pas nous-mêmes, nous n'exprimons pas notre personnalité et nous n'avançons pas sur le chemin de la réalisation de soi.

Refuser n'est pas un acte d'égoïsme mais de préservation de soi. Admettre ce qui est en harmonie avec nos pensées afin de nous comporter avec discernement prouve que nous avons réfléchi avant d'adhérer aux pensées d'autrui.

Le 18/09/2022, Loreen a écrit ce message sur le même thème :

« Vous êtes tellement habitués que l'on vous fasse croire qu'affirmer ses opinions et défendre ses propres intérêts est perçu comme un acte égoïste que vous cherchez toujours à vous conformer à l'opinion des autres puisque pour vous la pensée collective est la bonne.

Pas du tout. Ce qui va faire avancer l'humanité en conscience est la somme de toutes les idées émises par les consciences individuelles qui forment un égrégore riche de l'expérience de chacun.

Il n'y a pas de honte à être soi, pas d'attitude narcissique. Tout dépend de ce que l'on fait de sa personnalité. Être soi et être disponible pour aider autrui est la bonne démarche. Ainsi chacun est utile à autrui.

Cherchez en vous qui vous êtes vraiment et non pas quel mouton de panurge vous êtes vis-à-vis de pensées soit disant normalement correctes. Ce qui n'existe pas. Toutes les bonnes pensées sont bonnes pour les humains.

Vous progresserez en étant vous-même et non pas les clones d'un autre. Votre richesse intérieure est bonne pour vous et pour l'humanité. »

La maîtrise de soi nous permet de réfléchir de façon constructive, avec calme et d'analyser ce que nous décidons avec objectivité.

Mes messagers disent qu'il ne faut faire de mal à personne afin d'éviter de répandre des ondes négatives dans notre entourage. Toutes les mauvaises pensées, les mauvaises paroles et les actes de bas niveau sont des énergies qui se propagent autour de nous. Elles affaiblissent la fréquence vibratoire des consciences de ceux qui en sont victimes et la nôtre également car elles nous atteignent aussi. Les attitudes liées au bien sont des expressions positives qui augmentent la fréquence vibratoire des personnes qui les reçoivent ainsi que les nôtres.

Sous prétexte de ne faire aucun mal, devons-nous accepter que l'on nous en fasse sans se défendre ?

Nous devons nous défendre, en paroles et en actes si nécessaire pour sauvegarder notre intégrité. Nous pouvons le faire sans agressivité. En nous laissant agresser, nous montrons une faiblesse qui nous rabaisse. Nous avons nos certitudes et nous pouvons les exprimer avec assurance. L'échange d'opinions est enrichissant s'il est courtois et bienveillant.

Il m'est arrivé de lire cette réflexion : « apparemment vous ne connaissez pas la Bible » concernant l'un de mes commentaires alors que j'ai eu une éducation catholique et qu'à quatorze ans je voulais être religieuse. Pourtant, dès l'âge de dix ans, je remettais en question ce que le prêtre nous disait au catéchisme. La personne qui a écrit ce commentaire ne me connaît pas et fait des suppositions concernant ce qu'elle ignore mais qu'elle imagine. Des réflexions du même genre m'ont été adressées pour d'autres raisons.

Ce comportement agressif est de l'auto-défense, un refus catégorique d'accepter qu'il y a d'autres façons de penser que la sienne et qu'elles sont également valables. C'est une façon de se protéger contre toute nouvelle pensée qui fait peur car inconnue.

Dénigrer autrui est une manifestation de l'égo négatif qui a besoin de se valoriser et qui le fait en cherchant à rabaisser les autres pour se donner l'illusion d'être supérieur.

Des personnes éveillées spirituellement font des commentaires mais ne montrent pas leur niveau d'évolution. Elles ont la sagesse d'être discrètes car elles ont l'humilité du sage, de celui qui écoute avec bienveillance.

Ne faire souffrir personne demande de l'application. Il faut faire un gros effort mental pour surveiller son comportement, ses pensées qui peuvent à tout moment basculer dans le jugement, ses paroles blessantes dites inconsciemment, ses actes d'énervement agressifs.

C'est un choix permanent d'attitudes différentes de celles que nous avons habituellement sans nous en rendre compte. C'est prendre conscience de soi. Cet effort sera nécessaire tout le temps pendant lequel nous ne serons pas capables de le faire sans y penser. Ensuite cela devient une habitude et notre seconde nature. Nous avons acquis la maîtrise de soi.

Message de Margot, messagère : (19/08/2024) :
« Merci de me proposer si je veux écrire. J'aime communiquer.
La maîtrise de soi permet de surveiller son comportement. Vous agissez le plus souvent de façon instinctive sans avoir conscience de ce que vous dites. Vous ne savez parfois pas surveiller vos propos et vos colères. Vous dites n'importe quoi pourvu que vous soulagiez le trop plein d'énergie négative qui vous envahit.

Ainsi vous dites des choses fausses dans le but de blesser et de vous venger de ce que l'on ne vous a pas fait mais que votre révolte vous fait dire. C'est ainsi sur les groupes de spiritualité, qui ne devraient avoir que des propos bienveillants puisque ceux qui écrivent sont en recherche pour comprendre le monde spirituel.

Mais ce besoin de savoir ne dépasse pas, le plus souvent, le niveau matériel et ne s'élève pas au niveau de la Conscience divine et au niveau de l'Amour Divin. Vous ne pourrez pas comprendre si vous ne libérez pas votre conscience des pensées négatives qui la rabaissent de leurs ondes réductrices.

C'est pour cela que nous vous conseillons de chercher en vous la meilleure image que vous pourrez avoir de qui vous êtes. Commencez par avoir une bonne opinion de vous-même et travaillez en même temps sur la maîtrise de vos propos, de vos pensées et de vos actes ».

Les désirs et les besoins sont deux choses différentes.

Ce qui nous fait envie, ce que nous voulons faire ou avoir sont des désirs. Ils vont des plus simples facilement réalisables aux plus complexes.

Désirer aller se promener à la campagne est facile à satisfaire.

Rêver d'un voyage à l'étranger dépend de conditions adéquates pour le réaliser : temps libre, argent, accompagnement des membres de la famille, placement des animaux .....

Certains désirs sont impossibles à satisfaire. Les personnes très malades, qui souffrent en permanence, ont parfois le désir de quitter cette vie trop difficile à supporter. Elles demandent au Divin de les aider à partir. Mais malgré cela, rien ne se passe.

Nous demandons souvent à Dieu des choses que nous désirons ou de vivre des situations qui ne se concrétisent pas car ce n'est pas ce qui est bon pour nous. En raison de notre liberté, toutes nos épreuves sont la conséquence de nos choix qui parfois nous portent tort. Nous devons les assumer pour en tirer l'enseignement qui leur correspond et qui nous aide à progresser.

Ce que nous voulons ne correspond pas toujours à ce dont nous avons besoin.
Nous sommes sur Terre pour évoluer et notre désir ne correspond peut-être pas à ce que la situation que nous vivons nous propose de comprendre. Il peut être contraire à notre bien.

Nous apprenons à travers les expériences de la vie. La maladie nous met dans une situation mentale adéquate pour apprendre certains comportements : la patience, la confiance, l'acceptation….Toute situation est utile pour comprendre quelque chose dont nous avons besoin, même si, au départ, nous avons l'impression que c'est à notre désavantage.

Nous devrions demander au Divin de nous aider « là où nous en avons besoin ».
Nous pouvons être surpris qu'il nous arrive des choses inattendues qui semblent contradictoires avec nos

demandes. Puis, nous prenons conscience que cela nous aide là où nous n'y pensions pas.

Par exemple, nous demandons de l'aide pour faire un voyage et des circonstances inattendues nous en empêchent. Ensuite, nous apprenons par les médias qu'une catastrophe est arrivée à laquelle nous avons échappé.

Le Divin fait ce qui est bon pour nous, même si nous ne le comprenons pas. Nous vivons parfois des situations différentes de ce que nous demandons, ce qui nous fait douter de l'aide divine. Cela est un manque de confiance en Dieu, nous doutons de son aide.

Croire sans nul doute que ce qui nous arrive est bon pour nous, à court ou à long terme, s'appelle avoir la foi. Le Divin fait ce qui est nécessaire pour nous aider si nous le lui demandons. La confiance que nous avons en lui est un gage de réussite.

Emma, messagère, a écrit ce message à ce sujet le 22/06/2024 :
« C'est Emma et je vais dire que tu as raison.
Il est difficile pour les gens de comprendre que ce qu'ils veulent est ce qu'ils pensent. Ils demandent à Dieu ce qui correspond à leurs désirs et non à leurs besoins. Ils confondent les deux car ils ignorent que les situations qu'ils vivent sont là pour leur apprendre quelque chose : la patience, l'acceptation, la résignation et la tolérance……
Qu'ils commencent par accepter leur sort et à être positifs, à avoir les qualités requises pour permettre leur

guérison et cela sera par harmonie vibratoire et non par acceptation de la Pensée divine.

Etre tolérant alors que c'est ce que vous devez apprendre de la situation vécue connecte votre conscience au niveau vibratoire de la tolérance et provoque la réalisation de votre demande ».

CONSEQUENCES DES PENSEES, DES PAROLES ET DES ACTIONS

Les avis que nous exprimons par des paroles et parfois par des actes sont de deux natures différentes.

Les pensées positives sont en accord avec l'Amour car elles sont liées au bien. Elles aident toutes celles et ceux qu'elles atteignent. La conséquence est qu'il y a plus de bonheur, plus de joies et une connexion vibratoire à un niveau élevé de la Conscience divine.

Les pensées négatives nous relient aux niveaux les plus bas de la Conscience universelle, qui font baisser la fréquence vibratoire de notre conscience et nous relient à des ondes de faible puissance.

Loreen a écrit ceci, le 07.01.2025 :

« Suivant votre pensée et vos agissements, vous alternez entre niveau plus énergétique et niveau plus bas. Votre fatigue et votre manque de vitalité trouve en partie son origine dans cette alternance.

Pour y remédier, vous pouvez vous obliger à avoir des pensées positives le plus possible et à surveiller votre comportement ».

Nos pensées, paroles et actions ont des conséquences sur la conscience planétaire.

Nos pensées atteignent toutes les personnes qui leur sont vibratoirement compatibles. .

Toutes les pensées forment des égrégores qui rassemblent dans une même sphère les pensées qui se ressemblent. Il y a des égrégores liés au bien et d'autres en rapport avec le mal. Tout le bien que nous faisons se rassemble en un égrégore positif et le mal en un égrégore négatif.

La conscience planétaire est l'ensemble des niveaux de conscience des êtres humains. Elle évolue avec le bien et elle régresse avec le mal. Elle n'est jamais stable mais change constamment en fonction des paroles et des actions des hommes.

Nous n'avons pas conscience des conséquences de ce que nous disons car nous raisonnons au niveau du mental sans penser que tout fonctionne au niveau vibratoire. La loi de cause à effet agit sans discernement mais automatiquement. Les lois de la physique ne pensent pas. Leurs effets sont ceux qui correspondent à la fréquence vibratoire de chacune. Si nous « pensons vibrations », dit ma petite fille Loreen, nous comprendrons. Mais pour cela il est nécessaire de comprendre le fonctionnement du monde vibratoire.

Les enfants sont adultes dans l'au-delà. Dans le livre de leurs messages « la vie des enfants dans l'au-delà » ils l'expliquent. Leur affectivité reste celle de leurs ressentis au même âge terrestre. Ils évoluent vers la maturité affective comme sur Terre. Tous mes messagers ont atteint ce niveau.

Le 20 juin 2019, Loreen l'explique dans ce message :

« *Je voudrais préciser que les enfants dans l'au-delà sont adultes. Nous avons tous eu de nombreuses incarnations et nous sommes débarrassés des limitations du mental physique. Nous avons retrouvé toutes nos connaissances et la maturité de notre conscience. Il n'y a que l'affectivité qui reste enfant* ».

Loreen précise dans ce message du 09/08/2024, qu'il faut tenir compte du fait que les vibrations sont à l'origine de nos comportements et non la morale humaine :

« *Je dis toujours qu'il faut penser vibrations car ce sont elles qui dirigent vos actions, paroles et pensées et qui leur donnent un sens. Il n'existe que de l'énergie qui agit selon les lois vibratoires de la physique. Il n'y a pas d'évaluation mentale mais vibratoire. C'est pour cela que nous vous conseillons de faire le bien pour que les ondes du bien que vous faites fasse évoluer les âmes-personnalité dans leur ensemble. Il se répand dans l'atmosphère terrestre et il fait augmenter les ondes du bien. L'humanité entière profite du bien qui est fait.*

Les gens disent que chacun de vous avez une mission. Il ne faut pas la chercher dans les actes de la vie sociale mais dans les actes de la conscience qui doit faire briller l'Amour divin. C'est cela la mission de chacun : faire le plus de bien possible afin de faire grandir l'Amour. Dieu est l'Energie de l'Amour et il a besoin des ondes d'Amour de chacun pour créer plus et entretenir la force vitale de la création.

L'Energie créatrice et nous ne faisons qu'un. Notre comportement a une conséquence sur sa force vitale puisqu'il n'y a qu'une seule énergie vitale. L'action des pensées, des paroles et des actions a plus de conséquences que vous l'imaginez. Conséquences pour vous aussi puisque nous ne faisons qu'un avec Dieu ».

Les conséquences de notre comportement sont physiques et spirituelles.

Dans la vie matérielle, notre but est d'apprendre à aimer. Nous pourrions dire que notre mission sur Terre est de progresser sur les degrés de la Conscience universelle vers toujours plus d'Amour.

L'autre mission est d'ordre spirituel, en aidant nos frères humains à comprendre qui est Dieu et qui ils sont.

LA CONSCIENCE

VIVRE POUR EVOLUER EN CONSCIENCE

L'Amour est l'Energie qui existait avant la création des mondes, faite d'ondes douées d'intelligence, de réflexions et de pensées, donc de conscience.

La vie des humains est unie à ce champ de forces de l'Amour dont nous faisons partie, de tous temps. Nous sommes des énergies d'Amour comme le Divin, qui ont une expression individuelle. L'un des buts de notre existence est de révéler cet Amour divin dans les relations avec autrui, en apprenant à aimer.

Ludovic D. a écrit ce message :

« Vous arrivez sur Terre dans un état de conscience qui est celui que vous avez acquis tout au long des vies passées. Toute la vie actuelle sera comme les précédentes, destinée à vous faire faire des expériences grâce auxquelles vous apprendrez à mieux vivre l'Amour. Enfin, ne pas vous faire faire, c'est vous qui faites tout seuls.

On parle du destin mais il se peut que vous vous trompiez sur la signification que vous lui donnez. Rien ne vous est imposé et vous n'avez à subir aucune contrainte ou plutôt aucuns comportements prédéterminés qui vous dirigent ou non immanquablement vers un but décidé d'avance, on se demande par qui puisque Dieu n'intervient pas dans votre vie. Non, c'est vous qui choisissez seuls ce que vous allez faire. Vous en subissez les conséquences bonnes ou mauvaises selon ce que vous vivez, mais selon vos choix.

Cela vous amène vers la fin de votre vie qui doit normalement vous avoir fait évoluer sur les fréquences du champ de force de l'Amour vers un niveau plus évolué donc vibratoirement plus fort ».

Le but des incarnations successives est que les situations relationnelles que nous vivons nous fassent progresser vers la compréhension de la Nature divine grâce aux expériences de la vie sur les plans matériel, affectif et spirituel.

Ce que nous vivrons dans notre vie présente est en relation avec ce que nous avons décidé d'apprendre en toute liberté. Avant de revenir sur Terre nous avons choisi avec notre guide l'aspect de l'Amour que nous n'avons pas compris et que nous voulons expérimenter.

Les circonstances de la vie vont nous confronter à des situations qui nous permettront de vivre des relations pour nous aider à comprendre ce que nous voulons apprendre. Mais c'est nous qui choisissons librement ce que nous vivrons selon nos choix.

Message de Frédéric M. :

« La plupart des gens ignorent pourquoi ils vivent sur Terre. Ils sont plongés dans un monde matériel chaotique, méchant et dépravé à la solde des plaisirs et de l'appât du gain au point de ne respecter personne voire de tuer pour posséder.

Mais vous n'êtes pas que des corps matériels plongés dans cette gangue énergétique produite par le mental des humains. Vous êtes aussi des êtres spirituels car sans votre âme, animée par la conscience, vous n'existeriez pas. Et votre être spirituel est le directeur de votre vie si vous le laissez s'exprimer et prendre les décisions. Il est dirigé par le raisonnement et la compréhension de votre relation au Divin.

Quelle est cette relation ?
L'Amour uniquement. Ce Divin, créateur de l'univers, est le champ de force de l'Amour et la seule chose qui a de l'importance pour lui est la façon dont vous vivez l'Amour. Vous êtes sur Terre pour apprendre à aimer. Partager cet amour avec autrui sous toutes ses formes d'expression. Votre vie a une raison d'être pour votre évolution ».

Lorsque nous comprenons que la raison de notre vie sur Terre est de révéler les différentes facettes de l'Amour comme le demande Dieu, nous éprouvons le désir de vivre pour aimer. Cela influence notre façon de nous comporter car, comme le dit Loreen, « il suffit de ne faire souffrir personne ».

L'amour que nous manifestons nous permet de mettre en évidence les différentes expressions de l'Amour, chacun de nous au niveau de ses ressentis et de sa compréhension. Le premier but de notre vie est de révéler les différents aspects de l'Amour divin par les expériences de la vie et par notre relation à autrui, famille, amis, entourage professionnel.....

Chacun le vit à sa façon, suivant sa manière d'exprimer ses sentiments. En révélant les différentes formes de l'Amour nous lui donnons vie, ce qui amplifie la manifestation de l'Amour divin.

C'est en cela que le Divin a besoin de nous car les êtres humains peuvent révéler les différents aspects de l'Amour en le vivant. Les expériences que nous faisons touchent les autres qui montrent alors les mêmes compétences.

Nous sommes des êtres divins en ce sens que nous ne faisons qu'un avec la Conscience universelle. Nous faisons partie de la même gamme vibratoire, de la même énergie divine et nous ne faisons qu'un avec elle. Nous avons les mêmes capacités créatrices qu'elle, mais au niveau de ce que nous sommes capables de faire. Plus nous faisons de bien, par notre attitude quotidienne, plus nous évoluons sur les degrés de la Conscience universelle vers toujours plus d'Amour et de compréhension de la Nature divine.

Inversement, si nous faisons du mal même ce qui nous paraît bénin, nous nous éloignons des vibrations positives de la Conscience divine. Nous sommes connectés à des fréquences lentes de l'Energie de l'Amour et nous ne pouvons pas progresser.

Dans mon livre « **Eveil de conscience** » que ma petite fille Loreen m'a demandé d'écrire en premier, je développe les trois aspects de la personnalité : se connaître soi-même, aimer et l'ouverture spirituelle. Tout cela progresse en même temps.

Nous comprenons mieux qui nous sommes lorsque nous cherchons « en nous », lorsque nous sommes attentifs à nos paroles et nos actions. Notre conscience s'ouvre à de nouvelles connaissances et l'amour de soi entraîne l'amour des autres et de la nature, de la flore et de la faune. Nous sommes prêts à aider dans le domaine matériel et aussi dans le domaine psychologique selon nos ressentis, pour rassurer et conseiller si nous le pouvons.

L'ouverture spirituelle est la conséquence de l'ouverture du cœur à l'Amour.

Notre progrès spirituel se fait à toutes les étapes de notre développement. Nous comprenons quels sont nos besoins pour l'amélioration de notre personnalité.

Leslie explique que la conscience évolue grâce aux choix que le libre-arbitre permet de faire, 09/02/2024 :

Le libre-arbitre permet de dire beaucoup de choses sur ses avantages concernant l'avancement de la conscience des humains, souvent, enfin pour la plupart d'entre eux il faut bien le dire. Cela est différent suivant les pays et l'évolution des uns et des autres, et il faudrait comprendre bien précisément à quoi il sert. Eh bien il sert à se poser des questions sur la raison de la vie sur Terre et au devenir de l'âme après cette vie. Alors, il faut l'utiliser pour choisir de faire le plus de bien possible.

Si vous faites du bien à autrui, les vibrations de votre âme vont s'accélérer et elle produira plus de lumière et cette lumière va se trouver compatible avec celle du niveau de conscience qui a la même intensité et vous serez, même sur Terre, connectés à ce niveau auquel vous avez eu accès et vous allez bénéficier de toutes les connaissances des autres êtres humains et âmes qui sont sur ce niveau. C'est comme cela que la conscience s'éveille. Le libre-arbitre est nécessaire pour permettre d'évoluer en conscience. »

Dans l'au-delà, il n'existe que de la lumière et des sons. L'intensité lumineuse dépend de la fréquence sur laquelle les couleurs vibrent. Plus elles ont une vitesse vibratoire forte,   plus elles ont de clarté. Les êtres spirituels peuvent changer leur intensité par la force de leur pensée. C'est ce que font les enfants dans les ateliers de peinture. Il suffit d'apporter plus d'énergie plus les éclaircir et moins d'énergie pour créer des teintes sombres. (cf. la vie des enfants dans l'au-delà).

Les sons de l'au-delà proviennent des pensées. Tout s'exprime par des chants, plutôt des vocalises harmonieuses qui expriment l'état des pensées. Les prières que font les êtres spirituels sont des chants sans paroles. Chacun s'exprime en fonction de ce qu'il ressent.

J'ai une amie thérapeute qui soigne les angoisses de cette façon. Le patient émet des sons de toutes sortes suivant ses ressentis : des sons de souffrance, des sons de détresse, des sons de révolte ou des sons doux et apaisés.

Pour nous, lorsque nos pensées sont liées au bien, la lumière de notre corps psychique a une certaine intensité vibratoire qui s'exprime par une couleur, qui est la même que celle du niveau vibratoire de l'Energie de la Conscience qui lui correspond. Lorsque l'âme rejoint le plan spirituel qui est le sien, c'est par l'attirance des couleurs que la connexion se fait.

J'ai dit plusieurs fois que le guide emmène le décédé sur son niveau vibratoire. Ici, je dis que la connexion est vibratoire et automatique. Si nous pensons que c'est le guide qui nous aide, alors les choses se passent ainsi dans notre conscience. Nous percevons la situation de cette façon-là. Si nous pensons que la connexion est purement vibratoire, nous la vivons ainsi. Le résultat est le même, nous allons vivre sur le niveau de la Conscience universelle qui est en harmonie avec notre niveau de conscience.

Chacun de nous possède un niveau de conscience qui est lié à sa capacité à comprendre l'Amour divin et à la façon dont il le partage, suivant son niveau d'évolution. C'est la raison pour laquelle il existe différents niveaux d'évolution de la conscience, chacun de nous étant en harmonie avec celui qui lui correspond.

Pour évoluer en conscience sur les ondes de l'Amour, il suffit, dit Loreen, de ne faire aucun mal. Nous pensons que nous n'en faisons pas car rien ne nous paraît grave du moment où nous ne voyons pas les conséquences de nos paroles et de nos actions.

Certaines personnes se révoltent contre celles et ceux qui essaient d'expliquer ce qu'ils savent autrement qu'elles. Elles pensent que ce qu'elles croient est la vérité, alors que c'est la-leur. Chacun est libre de ses opinions et de les échanger, c'est ce qui fait la richesse des pensées humaines. Mais nous n'avons pas à juger. On peut dire : « d'après ma compréhension, il me semble que ..... » ou toute autre formule signalant que c'est uniquement sa croyance personnelle.

Nous provoquons des polémiques sur des sujets sans importance. Ce sont les réactions de l'égo qui veut se valoriser. Cet aspect de la personnalité nous fait agir en fonction de soi et du désir inconscient de se mettre en valeur en se montrant, si possible, supérieur aux autres et d'être reconnu comme quelqu'un de savant qui force l'admiration. C'est « le paraître ».

Si ce que nous disons n'a pas de conséquences visibles, nous pensons que c'est sans importance, que ce ne sont que des paroles dont le destinataire n'a pas conscience s'il ne les a pas entendues. Mais tout est vibrations. Les ondes de nos paroles affectent le comportement des autres et ils les reçoivent immédiatement.

Les propos désobligeants portent tort, à ceux qui les disent, à ceux qui les reçoivent s'ils y sont sensibles et à tous les êtres humains qui vibrent sur une longueur d'ondes compatible avec le niveau vibratoire de ces paroles. Il faut penser vibrations, écrivent mes messagers, afin de comprendre qu'il n'y a pas d'action « faible » ou « forte » ou « inexistante » des paroles. Leur impact est toujours le même. Ce sont leurs conséquences qui diffèrent.

Au point de vue de la pensée, qui tient compte du sens que les paroles véhiculent, plus ou moins de bonté, plus ou moins d'agressivité, leurs conséquences affectent la sensibilité de ceux auxquels elles sont destinées seulement s'ils les entendent.

Au point de vue vibratoire, c'est la même chose, on n'en a pas conscience car on ne les entend pas. Cependant, elles agissent. Les paroles s'inscrivent sur les ondes de la Conscience universelle pour ce qu'elles sont, positives ou négatives.

Les pensées sont de pures énergies et elles se répandent partout. Elles sont transportées par les ondes de l'Amour qui est le « bain énergétique » dans lequel tout l'Univers baigne. Elles atteignent les personnes auxquelles elles sont adressées mais aussi toutes celles qui sont sensibles à ce propos. C'est l'application d'une loi de la physique. Les comportements négatifs font baisser la fréquence vibratoire de notre conscience qui s'harmonise avec les basses ondes de la Pensée universelle et nous affaiblissent.

Notre véritable nature n'est pas notre corps mais notre âme, qui est « nous ». Elle progresse grâce au bien que nous faisons. Le Divin n'est pas le Dieu des religions qui ressemble aux humains et agit comme eux suivant les mêmes lois. Le Divin est une Energie, l'Energie primordiale, créatrice, dont la nature est l'Amour.

Pour faire évoluer notre niveau de conscience, il est nécessaire de travailler sur « soi », sur son être intérieur en comprenant notre comportement et en maitrisant nos impulsions. Nous pouvons être le jouet de notre affectivité ou bien la maîtriser en prenant le contrôle de nos pensées et de nos comportements.

Dans la vie de chaque jour, chacun a des occasions de se mettre en colère pour des riens et donc de produire des ondes négatives. Toutes nos attitudes négatives, aussi infimes soient-elles, répandent des ondes de basse fréquence qui freinent notre évolution. Cela crée un égrégore puissant de mauvaises pensées. Le mal dépasse le bien malgré tous les progrès faits par les humains pour comprendre et s'élever sur les ondes positives de l'Energie de l'Amour.

Le guide Anaëlle a écrit ce message le 05/08/2024 :
« Vous allez progresser sur les degrés de l'Amour au fur et à mesure que vous comprendrez comment faire le bien et comment faire pour être bons.

En effet, il y a le comportement social et votre attitude vis-à-vis d'autrui, souvent soumis à des comportements instinctifs qui vous font dire n'importe quoi pourvu que vous ayez raison. Ça, c'est votre réaction impulsive liée à votre relation à autrui. Vous êtes des consciences individuelles qui ont à progresser dans la vie matérielle grâce aux expériences que vous y faites.

Progresser sur les degrés de l'Energie de l'Amour car le but de la vie est de s'élever en conscience vers une plus grande force d'Amour.

Sur Terre, vous faites les expériences que vous choisissez, aussi votre comportement quotidien, en relation avec les bons comportements ou les mauvais, les critiques, les paroles désagréables ou les attitudes fraternelles qui répandent la joie autour de vous. Les premières vous portent tort à vous en premier et les bonnes vous font monter en puissance vibratoire.

C'est la raison pour laquelle on vous conseille de faire le plus de bien possible en pensées, en paroles et en actions afin de vivre de plus en plus heureux, afin d'élever les vibrations de votre conscience sur les degrés de l'Amour ».

Les buts de notre vie sont :
-de révéler les différents aspects de l'Amour originel en les vivant et donc en leur donnant vie par les expériences que nous faisons.
- de faire le bien et de donner de l'amour autour de nous afin de produire des ondes positives d'Amour qui s'ajoutent à l'Amour existant.
-de progresser sur les degrés de l'énergie de la Conscience universelle, grâce au bien que nous faisons.
-de répandre sur Terre des ondes d'Amour inconditionnel afin de participer à l'éveil des consciences

individuelles des êtres humains dans le but d'élever la conscience collective de l'humanité.

Tous ces buts ne font qu'un. Il s'agit de faire progresser la fréquence de l'énergie de notre conscience vers plus de Lumière.

Nous n'avons conscience que du monde visible. Nous ne pensons pas que nous sommes des âmes qui appartiennent au monde spirituel et que nous sommes soumis aux lois de la physique qui gouvernent également la vie sur Terre. Nous ne changeons pas de nature dans le monde invisible. Ici, notre être spirituel vit dans un corps physique.

Nous avons tendance à penser que nous changeons dans le monde spirituel. Dans l'au-delà, nous vivons dans le corps psychique qui contient l'âme. Il ne la quitte pas et il est aussi dans le corps de matière. Il n'y a aucun changement.

Loreen dit qu'il faut « penser vibrations » et que nous devons comprendre que tout a un effet sur notre conscience et sur notre évolution spirituelle.

Grégoire a écrit ce message pour proposer un support de réflexions à notre recherche. 25/08/2024 :

« Il est important de se connaître. C'est une recherche bien plus profonde que de chercher à comprendre ses qualités et ses défauts.

Vous avez des comportements instinctifs dont vous n'avez pas conscience bien souvent, sous l'effet de l'égo. Son principal souci est de se valoriser, de montrer que vous êtes plein de qualités car vous avez l'illusion que c'est ainsi.

Vous vous forgez une personnalité qui est fausse lorsque vous dites par exemple que vous allez vous défendre dans une situation conflictuelle alors que vous êtes incapable d'en avoir le courage. Vous avez l'illusion d'être fort alors que vous êtes faible. Cette situation se présente maintes fois où vous vous bernez tout seul, et en vous inventant une personnalité qui n'est pas vous.

D'autres situations consistent à vous empêcher de regarder « à l'intérieur de vous » car vous êtes parasités par des multitudes de pensées parasites qui vous encombrent le mental sans pouvoir le libérer : le passé, le futur et toutes les fausses analyses que vous faites à leur sujet, les autres et tout ce que vous imaginez d'eux sans aucune raison.

Vous ne pensez pas à vous, ici et maintenant, au moment présent. Hors, c'est en restant dans le présent que vous pouvez vivre en toute conscience et comprendre votre comportement à chaque instant. Bien souvent, vous agissez de façon automatique sans même savoir ce que vous faites. C'est ainsi que vous posez votre portable n'importe où et que vous ne vous en souvenez plus puisque vous avez agi sans vous en rendre compte.

Calmez votre mental, obligez-le à se taire et soyez conscient de chaque instant. Vous vivrez apaisé et serez plus heureux ».

Nous sommes esclaves de notre mental qui est toujours en alerte et pense sans arrêt. Il est encombré de pensées sans aucune utilité. Des rêves et des illusions qui ne correspondent à rien de réel. A l'extrême ce mental devient « nous » car nous vivons dans l'illusion de qui nous croyons être. Nous nous identifions au personnage que nous avons inventé, à ce que le mental nous dit à cause de toutes les suppositions qu'il nous propose. Nous nous inventons une personnalité qui est imaginaire.

Nous pouvons penser être quelqu'un de fort, qui a du caractère et nous montrer déterminé à remettre de l'ordre dans une situation conflictuelle alors que face aux autres nous n'osons rien dire et que nous n'avons rien de la personnalité que nous essayons de montrer. Nous sommes peureux mais nous affichons une confiance en soi digne d'admiration. Pour ne citer que ce cas. Il y en a des quantités d'autres.

En dehors de la personnalité imaginaire que nous nous inventons, notre pensée est tellement occupée à autre chose qu'à ce que nous sommes en train de faire, à se remémorer le passé ou imaginer le futur, que nous perdons le sens du moment présent.

Qu'est-ce qui est important ? Le passé ?

Il est révolu. Ce que nous y avons vécu est un enrichissement que nous avons eu en son temps, mais les situations d'alors n'ont plus d'importance.

Le futur ?

Il est impossible de le prévoir car il dépend de ce que nous vivons dans le moment présent et des décisions que nous prendrons à ce moment-là. Seul le moment présent est réel.

Nous vivons en toute conscience le présent lorsque nous sommes attentifs à notre comportement, à ce que nous disons, à ce qu'il se passe autour de nous. Notre pensée, libérée du fourmillement d'informations dont nous l'encombrons, s'apaise. Elle est disponible pour se tourner vers «l'être intérieur».

Pour progresser sur les échelons de l'Amour vers le bien, il est nécessaire de se connaître. Non pas la connaissance de notre physique telle que : je suis beau, fort, athlétique et je suis très satisfait de mon apparence. Ou bien je me trouve « moche » et sans personnalité.

C'est connaitre sa valeur morale, ses qualités de cœur, son sens de la fraternité..... C'est-à-dire toute notre valeur spirituelle, les qualités liées à l'Amour.

Comme Dieu nous sommes parfaits. Cette perfection n'est pas perceptible à cause de notre niveau de conscience peu évolué. Nous avons à la découvrir.

C'est grâce aux expériences de la vie, du bien que nous faisons, que nous progressons sur les échelons de la Conscience universelle.

Progresser en conscience est essentiel pour que notre compréhension du Divin soit claire dans notre pensée.

Mon messager Jean-Pierre D. a écrit ce message pour préciser notre relation avec le Divin (2 avril 2023) :

«Il faut faire des efforts sur soi pour élever les vibrations de sa conscience sur les degrés de la Conscience Universelle à savoir sur les degrés de l'Amour Universel.

C'est le seul moyen de progresser. Et on n'a pas tout notre temps, seulement en apparence car plus vite nous serons sur des vibrations élevées plus nous serons heureux et utiles à la Conscience Divine dont le but est de toujours évoluer vers les plus hautes vibrations. »

La Lumière Divine s'amplifie grâce aux vibrations d'amour que tous les êtres vivants émettent. Le mal, c'est-à-dire les actes et les pensées négatives dans leur ensemble ainsi que les critiques, empêchent le bien de se manifester et le freinent.

Tout ce qui est bon est positif. Le bonheur, la joie, émettent des ondes positives qui sont des vibrations d'amour. Nous sommes sur Terre pour vivre heureux mais cela dépend de nos choix et de notre comportement.

Suite du message de Jean-Pierre :

« *Le Divin n'est pas statique. Il évolue en permanence car, pourquoi serait-t-il dans un état stationnaire alors que tout est en évolution ? Il n'y a qu'une seule loi et Dieu, bien que ce soit lui qui soit à l'origine, se conforme à cette loi.*
C'est la question que, sur mon niveau de conscience, nous nous posons.

Dieu a créé en fonction des lois de la physique qu'il a, dit-on, élaborées avec une extrême rigueur. Il n'est pas en dehors de ces lois et il s'y conforme car il est lui aussi une énergie.

Si vous comprenez que le Divin obéit à ces lois qu'il a élaborées à partir des vibrations existantes, vous découvrez que Dieu nous ressemble spirituellement, ou plutôt que c'est nous qui sommes semblables à lui. Car, en effet, il est une Energie et nous, qui émanons de lui, sommes aussi de la même gamme vibratoire que lui ».

Jean-Pierre parle des questions que les êtres spirituels se posent sur son niveau de conscience. Cette réflexion prouve que le fait d'être dans l'au-delà ne donne pas accès à toute la connaissance.

Nous progressons en fonction de nos acquisitions, en fonction de ce que nous découvrons par nos expériences. Il serait impossible de nous révéler ce que nous devons comprendre sans en connaitre le sens. Nous devons intégrer les connaissances par notre apprentissage et par notre compréhension.

La Conscience Divine (ou Conscience Universelle) possède en elle toutes les formes d'Amour. C'est notre façon de les vivre en fonction de notre affectivité qui permet de les révéler. Tout ce que nous vivons met en évidence les facettes de l'Amour divin et leur donne vie. Chacun a une façon personnelle de vivre l'Amour, ce qui fait que diverses formes d'expression correspondent à un même aspect de l'Amour.

Notre évolution sur les ondes de l'Amour Universel est freinée ou favorisée suivant notre comportement. Nous sommes sur Terre pour évoluer sur les niveaux de la Conscience. Il y en a sept accessibles à notre compréhension et nous sommes en harmonie avec l'un d'eux, du plus bas au plus haut que nous pouvons atteindre suivant notre évolution de conscience.

Il est important d'avoir **la conscience d'exister.**
Marie, mère de Jésus, nous donne une explication de la Conscience. Elle se présente :
« C'est Marie, mère terrestre de Jésus, ou Joshua ou le Grand Frère. Peu importe le nom, c'est toujours de lui qu'il s'agit.
Il est important de parler de la Conscience en tant qu'Energie Primordiale qui a donné aussi la conscience aux humains et à tout ce qui vit.

Les énergies de la Conscience sont en effet le moteur de la vie, des pensées et de vos décisions. Elle a la capacité de réfléchir, de raisonner et de prendre des décisions.
C'est la conscience qui dirige votre vie à chaque instant. Elle est partout et tout ce qui existe est conscience avant tout. Elle est à l'origine de tout et elle est soutenue par les énergies de l'Esprit qui est le maître de la conscience, qui est la Conscience lui-même.

C'est en comprenant que vous et nous aussi sommes des consciences issues de la Conscience Divine que vous pouvez diriger votre vie avec maîtrise car vous savez alors que c'est la réflexion, l'analyse et les résultats de vos recherches profondes qui s'expriment par les attributs de la Conscience.

Dans ce cas, les ressentis, l'affectivité, les impulsions qui sont les effets de votre affect non maîtrisé ne sont pas les expressions de la conscience. Il ne faut pas les éliminer car ils font partie de la vie mais il faut que la conscience les maîtrise et impose sa réflexion sur leurs agissements. »

Tous les êtres vivants ont une conscience, même élémentaire, afin qu'ils comprennent qu'ils existent et qu'ils connaissent leurs besoins essentiels pour protéger leur vie. Chaque espèce a conscience de ce qui lui est nécessaire.

La Conscience a commencé à se manifester au moment de la Création.

Loreen explique que *« la Conscience Divine s'est développée au moment du Big Bang lorsque la déflagration gigantesque des énergies surchauffées et concentrées n'ont plus pu se contenir. L'éclatement et la libération des forces électriques, magnétiques et nucléaires ont libéré les énergies en leur permettant d'exister séparément et de devenir indépendants. »*

Norman explique que la conscience est partout
« Les êtres vivants les plus élémentaires, unicellulaires, les bactéries et les organismes les plus petits ont une conscience sans quoi il n'auraient aucun ressenti et ils ne pourraient pas se nourrir, se reproduire et se défendre. Autrement dit, ils n'existeraient pas. Ceci fait que tous les êtres sont conscients suivant leurs besoins. »

La conscience se manifeste chez les êtres vivants suivant les besoins de leur nature. Les plantes ont conscience de leur environnement, de la présence des autres plantes et elles échangent des informations entre elles. Des expériences scientifiques l'ont démontré. Elles manifestent de la peur si on leur coupe des branches, qui se manifeste par une agitation de ses énergies.

Les animaux savent repérer les dangers et leurs réactions sont la conséquence de leurs ressentis. Ils ressentent les intentions « des autres », animaux ou humains. Ils ne s'approchent pas des personnes qu'ils ressentent négatives alors qu'ils font la fête à celles qui ont des bonnes vibrations.

Bien utiliser les attributs de la conscience nous permet de progresser en toute lucidité et maîtrise de soi.

« *Ma conscience est un jardin secret qui n'appartient qu'à moi… Elle enregistre tout ce que je pense, dis et fais sans le moindre oubli… Elle « imprime » dans mon subconscient tout ce qui n'est pas immédiatement nécessaire afin de pouvoir l'utiliser plus tard en cas de besoin…*

Grâce à elle, mes connaissances se sont amplifiées et me permettent de mieux diriger ma vie… Elle gouverne mes ressentis. Mes émotions sont liées à mon affectivité.

Mon mental l'influence. J'ai la liberté de choisir les comportements bons ou mauvais… Je constate que ses mauvais conseils me font faire des choix contraires à mon bien-être… Ses bons conseils me poussent à faire ce qui est bon pour moi ou pour autrui et me procurent réussite, joies et sérénité…

Elle me dit de réfléchir avant d'agir ». (Un messager)

Nous avons l'impression d'être victimes des mauvaises circonstances de la vie ou de l'action des autres car nous n'avons pas compris que nous sommes responsables de nos actes ou parce que nous avons été naïfs et la cible de mauvaises intentions. Bien souvent, nous avons tendance à croire que nos difficultés viennent des autres ou de la malchance mais pas de nous. Nous ne pensons pas que nous avons notre part de responsabilité dans ce qui nous arrive. Nous avons toujours le choix de refuser ces situations.

Les lois universelles de l'existence sont immuables et précises. Le Divin les a élaborées à partir des ondes primordiales, l'électricité et le magnétisme qui agissent conjointement pour créer un monde stable dont le fonctionnement est la conséquence de leurs propriétés vibratoires. Elles sont la base de la structure de l'Univers.

Les prières sont le moyen vibratoire de communication avec Dieu. Elles établissent un contact fort avec le Divin et provoquent ce que nous avons demandé. Notre pensée s'enregistre sur les ondes de la Conscience universelle à la même fréquence que celle de la demande. Plus la fréquence est élevée, plus la connexion est forte.

La prière sincère est de l'amour envoyé à Dieu. Cet amour nous fait progresser sur les degrés vibratoires de la Conscience universelle. Nos vibrations de conscience s'ajoutent aux vibrations de la Conscience divine pour les amplifier.

Tout l'amour que les fidèles envoient au Divin dans leurs prières, est de l'amour qui s'inscrit sur les ondes de l'Amour universel. Cet amour, envoyé à Dieu par l'action de la prière, avec sincérité, est vrai. Les prières de toutes les religions sont des ondes positives qui agissent selon l'amour avec lequel elles sont dites.

Elles n'ont pas une valeur morale liée aux croyances et aux rituels. Elles sont la voix du cœur qui exprime de l'amour ou de la gratitude pour Dieu. Elles ne sont pas associées à une croyance religieuse mais à l'action vibratoire des énergies de la pensée. Seuls l'Amour et la foi en Dieu agissent.

Message du Guide Eugénie 28/02/2024 :
« L'amour que les personnes donnent à ceux
qu'elles aiment est une vibration positive
d'amour donné et toutes les formes d'amour sont
porteuses d'ondes positives. Elles répandent
sur la Terre des ondes d'amour qui élèvent la conscience
de l'humanité. L'amour donné à nos êtres, donné aux
animaux, à nos amis, l'Amour fraternel répandu par les
prières et les demandes d'aide en font partie. Tout ce qui
est bien et bon est de l'amour.
L'Amour inconditionnel est celui que l'on envoie à tous les
êtres de la Terre et à la nature. Toutes les bonnes
pensées sont de l'amour partagé ».

L'évolution des consciences individuelles est nécessaire au progrès de l'humanité. Elle est la « clé » pour accéder à un niveau supérieur de compréhension de la Nature divine. Certaines connaissances doivent être bien claires dans notre pensée :

I-   Qui est Dieu ?

L'Energie Créatrice qui a créé pour manifester sa Nature d'Amour dans les consciences des êtres vivants. Les expériences individuelles mettent en relief les différentes facettes de l'Amour. L'Energie primordiale possède en elle la totalité de l'Amour mais cet Amour ne peut prendre vie que si quelqu'un l'expérimente et l'utilise dans ses relations avec autrui. Ainsi, il devient réalité.

II-   L'Amour universel est un état, pas un sentiment.

II-   est un état énergétique, de nature électromagnétique, qui est soumis aux lois vibratoires de la physique. Il s'agit de l'Amour inconditionnel, celui que nous donnons, que nous envoyons à toute la Terre pour augmenter son taux vibratoire par l'intermédiaire du bien que font les humains.

Plus nous le pratiquons, plus les ondes de notre conscience deviennent fortes et la compréhension de l'Amour divin s'intensifie. L'Amour grandit en nous.

III-   Nous sommes à même d'agir pour nous et nous pour autrui de façon constructive, prêts à prendre conscience de qui nous sommes et à comprendre notre rôle sur le plan terrestre.

IV- Nous comprenons que nous sommes les expressions individuelles du Divin, limitées par le niveau de nos connaissances.

Nous découvrons que nous avons les mêmes compétences que Dieu mais limitées à notre capacité à aimer, réduites à la compréhension que nous avons de l'Amour divin et à notre façon de le vivre. Nous les exprimons à notre niveau d'évolution spirituelle. Plus nous prenons conscience de la Réalité de l'Amour divin, plus nous sommes connectés à ses vibrations et « inclus » en lui.

Nous sommes utiles à l'Energie créatrice (que nous appelons Dieu) pour répandre l'Amour et le rendre lumineux partout autour de nous et en nous. Cette lumière spirituelle éclaire les consciences. Lorsque son intensité est suffisamment forte en nous, tout nous réussit instantanément ou presque.

Le guide Anaëlle a écrit ce message le 29/02/2024 :
« Tu l'as déjà expliqué que pour que les humains progressent il faut dès maintenant élever les vibrations de sa conscience à un niveau supérieur de compréhension de la Nature divine. C'est l'ouverture de conscience qui permet à chacun de comprendre qui est Dieu.

Le premier travail est de comprendre qu'il n'est pas un être humain. Il faut du temps pour se départir de ce besoin de s'adresser à Dieu comme à un être humain d'une part et d'avoir peur de lui. C'est le résultat du travail négatif des religions qui ont voulu asservir les hommes à un Dieu dictateur à l'image des humains.

Il y a deux mille ans, Jésus a expliqué que Dieu est l'Amour mais ça restait un concept trop abstrait pour les consciences humaines peu évoluées. L'incompréhension de ce qu'il disait a renforcé la peur de Dieu. Puisque on ne le comprenait pas on devait le craindre.

Actuellement, les hommes doivent franchir un cap, abandonner les fausses croyances et se tourner vers ce qui est logique puisque les scientifiques ont expliqué la Nature divine. Les humains doivent dans un premier temps se libérer de la peur de ce Dieu inventé pour maintenir le monde dans l'ignorance. Rejeter les faux concepts. Ne pas rejeter Dieu mais la fausse image qui vous a été imposée. C'est avec un cœur neuf que vous devez accueillir l'Amour divin et le comprendre. Vous serez alors à même d'accéder à la Vérité ».

Les religieux qui ont créé le dogme de l'église ont présenté Dieu comme un juge intraitable, inaccessible, qui prend des décisions auxquelles les hommes ne comprenaient rien. En répandant la peur dans la pensée des hommes et l'incompréhension, ils obtenaient leur obéissance. Ils pensaient que la relation avec la divinité était d'ordre mental comme les relations entre les hommes.

Ils ne savaient pas que Dieu est une énergie puisque c'était la seule référence qu'ils avaient, c'est-à-dire la relation mentale. Maintenant on sait que Dieu est une Energie mais le dogme n'a pas changé. On continue de le présenter Dieu semblable à nous. C'est à cause de cette erreur qu'il y a une grande incompréhension du Divin.

Le guide Anaëlle, et d'autres guides, nous exhortent à chercher à connaître la véritable Nature de Dieu afin que nous soyons en harmonie spirituelle avec les ondes universelles de l'Ere nouvelle, qui s'intensifient graduellement. Ceci a pour conséquence que tout est accéléré. Une heure n'est plus de soixante minutes, mais moins. Les scientifiques l'ont découvert en observant que les planètes ne sont plus dans la même position au solsiste d'été, le vingt-et-un juin.

Elles se déplacent plus vite. Cela change la fréquence vibratoire des ondes matérielles qui devient plus rapide. Le taux vibratoire des ondes spirituelles s'intensifie également. Cela nous rend plus réceptifs aux ondes de la Conscience divine.

C'est pour cela qui les messagers spirituels nous conseillent de chercher à comprendre qui est Dieu. Il faudra que l'Ere du Verseau révèle cette connaissance pour l'évolution de l'humanité. Cela dépendra des humains, de leur capacité à changer leurs pensées concernant l'au-delà. En raison de l'accélération de la fréquence vibratoire des ondes, tout sera plus fort, le bien comme le mal.

Message du guide Emmanuelle 28/02/2024 :
« *Dieu est l'Energie primordiale qui existait dans un balbutiement de manifestation de sa Nature d'Amour. Un Amour Energie d'une force incommensurable qui attendait de pouvoir libérer son énergie pour créer.*

C'est grâce à la Création que les énergies différentes se sont manifestées, notamment l'Energie de l'Amour qui est la Nature divine et qui seule existe à l'origine. Toutes les autres formes d'énergies découlent d'elle car il s'agit de lois vibratoires que le Divin a créées pour donner une existence au monde physique.

L'autre facette du Divin est la Conscience. Il est la Conscience universelle qui a progressé pendant des milliards d'années pour arriver à ce qu'elle est aujourd'hui. Son évolution continue conjointement à l'évolution des consciences individuelles qui la renforcent.
Toute cette énergie de Conscience est une même manifestation de la Conscience divine qui grandit toujours

plus grâce aux connaissances que les consciences individuelles lui apportent »

Dieu a en lui toute la connaissance mais elle ne peut se révéler que si des êtres conscients la découvrent et la vivent. Les hommes expérimentent dans tous les domaines et progressent en connaissances. Les consciences individuelles ne font que révéler ce qui existe déjà dans la Conscience divine.

LA VIE HUMAINE

LA NATURE HUMAINE

Nous sommes des êtres triples, constitués essentiellement de trois parties distinctes qui vivent ensemble, l'âme, le corps psychique (ou de lumière, ou astral, ou spirituel...) et le corps physique qui est notre véhicule terrestre.

L'âme est notre être véritable, une pure énergie issue de l'Âme l'universelle ou divine. Elle est semblable à elle, composée de la même gamme d'énergie. Nous n'avons pas une âme, nous sommes des âmes.

Le corps psychique est composé d'une énergie « dense », disent mes messagers qui lui permet de contenir l'âme qui, sans lui, s'éparpillerait dans les ondes du cosmos et n'aurait plus d'existence. L'âme et le corps psychique ne se quittent jamais. Ils sont ensemble dans le corps physique, présents dans chacune de ses cellules. C'est ce binôme que certaines personnes clairvoyantes voient s'élever au-dessus du défunt au moment de la transition.

Le corps physique est le véhicule terrestre qui permet de vivre de façon « matérielle » dans le monde terrestre. Etant constitué de matière organique, il est périssable. Lorsqu'il est trop « usé », il n'est plus compatible avec la vie. L'âme le quitte et va rejoindre le monde spirituel fait d'énergies. Le corps de chair va se décomposer et devenir poussière.

Il n'y a aucune coupure entre les deux mondes ni aucune séparation. La vue du corps physique est limitée à un certain nombre d'hertz et nous croyons, parce que nous ne voyons pas plus loin, qu'ensuite c'est le néant. Quitter la Terre c'est naître instantanément dans le monde invisible, dans le milieu vibratoire constitué des ondes de l'Amour universel qui sont l'environnement dans lequel les âmes (ou corps spirituels) vivent.

Message de Loreen à ce sujet :

« Vous êtes des êtres triples et nous des êtres doubles débarrassés des contraintes matérielles. Les êtres humains pour la plupart d'entre eux ignorent qu'ils ont trois corps indépendants associés dans une structure. Ils pensent à leur corps, ils connaissent l'âme ou plutôt son nom. Ils ne savent pas expliquer ce que c'est et ils ignorent complètement le corps psychique. Le monde vibratoire leur est inconnu. Ils ont en conséquence une vision de la vie absolument fausse. Ils ne connaissent pas la réaction de cause à effet de la loi d'attraction mis à part celle des aimants pour le fer.

Leur vie est dirigée par des pensées erronées qui leur font croire qu'ils sont le jouet d'un Dieu humain alors qu'en voyant la vérité ils comprendraient qu'ils sont le jouet d'eux-mêmes. Il est important que les humains comprennent que personne ne les influence mais qu'ils sont soumis aux mauvaises appréciations du mental. Il faut comprendre cette appartenance à un monde énergétique pour comprendre la vie.

Oui, le jour du départ de la Terre est celui de la naissance dans l'au-delà.
Le 18 mai c'est mon anniversaire de naissance dans le monde invisible mais c'est dur à admettre pour les personnes endeuillées. ».

Cette remarque de Loreen montre bien que la vie terrestre n'existe plus pour les âmes envolées. Elles n'ont plus de liens avec le monde matériel. Il n'est pas possible d'être « entre deux vies » ou « deux états » entre la vie spirituelle et la vie matérielle. Nous ne pouvons pas être dans le néant car il n'existe pas.

L'Energie créatrice, qui est l'Amour, emplit tout l'Univers. Nous quittons « un lieu de vie », dans ce cas le monde matériel, pour aller vivre ailleurs, dans le monde spirituel qui est « le lieu de vie » des âmes dans lequel nous naissons immédiatement. Ainsi, les vies se succèdent, dans une alternance de vie spirituelle et de vie terrestre, pour que nous puissions évoluer sur tous les plans de la Conscience, jusqu'à ce que nous ayons compris que nous avons à apprendre à aimer et que nous sachions comment le faire. Ensuite, nous n'avons plus besoin du monde matériel pour faire des expériences. Nous les faisons sur le plan spirituel.

A QUOI SERT LA VIE

Beaucoup de personnes sont désabusées face aux difficultés incessantes de leur vie et se demandent pourquoi elles vivent toutes ces épreuves. Quel est leur intérêt ? Dieu serait-il heureux de voir leur souffrance ? Qui est ce Dieu qui nous apparaît contradictoire ?

La première démarche mentale à faire est de comprendre qui est Dieu. Il n'est pas un être humain qui raisonne comme nous mais une Energie, une onde, illimitée, intelligente et conscient.

Il est la vibration originelle de l'Amour. « *Il n'a pas une qualité d'Amour, il est l'Amour lui-même* » (Loreen), c'est-à-dire que l'Amour est sa Nature.

La deuxième démarche est de savoir quel est son but. C'est de faire grandir son Amour afin de créer toujours plus en lui donnant de plus en plus d'énergie. Pour cela, il a créé des êtres vivants, capables de le ressentir et de le vivre. Nous apprenons à aimer grâce aux expériences de la vie quotidienne. Les ondes de l'amour que nous engendrons par notre attitude s'ajoutent à celles de l'Amour divin car elles sont de la même gamme vibratoire.

La troisième est de comprendre notre rôle. Tout est très simple. Toutes les questions existentielles liées à notre imagination concernant la vie spirituelle compliquent la compréhension. Dieu nous demande d'apprendre à aimer chacun à notre façon, c'est-à-dire à notre niveau d'évolution spirituelle. La seule chose à faire est « de ne faire de mal à personne », a écrit Loreen. Cela nous oblige à réfléchir avant de parler et d'agir, afin de ne pas blesser les autres. Vivre dans l'amour pour Dieu, pour nos semblables et pour tout ce qui existe est la chose importante à faire.

Message de Loreen :

« Les humains se tordent bien l'esprit et l'embrouillent avec mille questions car ils sont en recherche sans penser que le but de la vie est d'apprendre à aimer.

Lorsqu'ils ont compris cela, tout leur paraît simple car ils éliminent de leur mental tout ce qui est négatif. Ce que les autres pensent, disent et font ne les regarde pas. Ils aident par leurs actions, leurs paroles, là où ils sentent qu'ils peuvent le faire et se détachent des comportements négatifs qui sont ceux de la plupart des êtres humains.

Comprendre ce qui est nécessaire de savoir pour bien agir est essentiel : Je dois progresser par mes propres actions, je dois aider le mieux possible, je dois être neutre, etc.... Pour cela, il faut regarder « en soi ». Analyser tout ce que nous faisons pour comprendre ce qui est bien et ce qui ne l'est pas.

La vie devient plus facile en se détachant des comportements négatifs et des pensées destructrices ».

Dieu attend de nous que nous donnions de l'amour de façon simple. Comme dit Loreen *« Ce n'est pas difficile, il ne faut faire de mal à personne »*. Cela suppose que nous renoncions à critiquer car les ondes de notre pensée ont des conséquences négatives sur autrui et sur nous. N'agresser personne physiquement ou verbalement est l'attitude simple pour que nous progressions sur les Ondes de l'Amour et que notre conscience atteigne progressivement des niveaux vibratoires de plus en plus évolués.

Notre rôle dans la création est d'aider le Divin à amplifier les vibrations de son Energie vitale par le bien que nous faisons. Nous générons par notre façon de nous comporter, la manière dont nous donnons du bonheur à notre famille et tout le bien que nous faisons autour nous des Ondes d'Amour. Elles sont de la même gamme vibratoire que celle de l'Energie de l'Amour divin.

Les degrés vibratoires de l'Energie de l'Amour commencent au plus bas et sont de plus en plus énergétiques jusqu'à l'infini. L'Amour évolue en permanence car il grandit sans arrêt, enrichi de toutes les ondes d'amour des êtres vivants qui le manifestent par leurs sentiments et leurs comportements. Le moindre bien que nous faisons est de l'amour, même épargner la vie d'un insecte. De ce fait le progrès de l'Amour ne s'arrête jamais.

L'un des buts de notre vie est d'apprendre à aimer pour répandre le bonheur sur la Terre. Nous pouvons dire que notre objectif spirituel est d'aimer.

Message de Loreen du 16/03/2024 :
« Maintenant, les manifestations de l'Amour, qui est une énergie, se font différemment à chacun de ses taux vibratoires. Chaque niveau vibratoire de l'Amour a une expression qui lui est propre et qui est en accord avec ce que les consciences individuelles sont capables de comprendre de la Réalité divine et capables de donner.

Au niveau de l'Univers et de son état d'Amour, se trouve l'expression universelle d'une Energie d'Amour qui soutient la vie de tout le cosmos en lui donnant la force vitale nécessaire à son existence. Nous vivons dans les vibrations de l'Energie du Champ de force vitale qui soutient toutes les existences.

Dans ce bain d'Amour que les humains doivent comprendre au-fur-et-à-mesure de leur évolution spirituelle, s'expriment tous les degrés de l'Amour qui correspondent à des niveaux de conscience bien définis : le non-amour qui ne nourrit pas les individus de ce plan car ils ne le connaissent pas. L'Amour partagé ensuite grâce aux sentiments et aux ressentis qui provoquent les comportements de chacun suivant le niveau d'évolution de la conscience.

L'Amour est toujours lié aux sentiments, qui lui permettent de s'exprimer. C'est la manière de le faire qui est différente pour chacun.
L'Amour inconditionnel a pour action d'envoyer des ondes positives, de la Lumière blanche à quelqu'un ou à tous pour qu'elle illumine leur conscience et leur donne plus de force pour agir dans le bien ».

Chacun de nous est en harmonie vibratoire avec la fréquence de l'Energie de l'Amour qui a la même vitesse de propagation que celle de notre conscience. Les ondes s'harmonisent par attirance et se confondent car elles ont la même force.

Chaque niveau de compréhension véhicule une expression particulière de l'Amour. C'est ce qui explique que les niveaux de conscience ne sont pas les mêmes chez tous les individus. Ils dépendent de la capacité à comprendre l'Amour mais aussi à le vivre au quotidien. Plus nous faisons de bien, plus notre conscience vibre à un taux élevé qui nous connecte à un degré vibratoire supérieur de la Conscience universelle, à celui que nous avions auparavant.

Nous sommes des êtres divins à l'égal de Dieu car nous avons toutes les compétences spirituelles qui sont les siennes. Cela est la conséquence du fait que nous soyons une seule Energie. Si nous sommes à son égal, nous avons à devenir « lui » réellement. Cela suppose que notre conscience progresse en connaissances vers la réalisation de soi en tant qu'être divin. C'est une des raisons qui fait que nous avons à faire le bien pour évoluer en vibrations vers la Nature divine, au maximum de ce que notre évolution de conscience nous le permet.

Nous avons à progresser vers la Nature divine afin de nous identifier à elle au maximum de ce que nous sommes capables de comprendre. Au fur et à mesure que nous avons des bons comportements, la fréquence des ondes de notre conscience accélère et elle nous connecte à un niveau de compréhension supérieur.

Cela peut laisser perplexe, voire même paraître prétentieux pour les personnes qui pensent que nous sommes inférieurs à Dieu. Dieu et nous ne faisons qu'un dans la même énergie. Notre relation est vibratoire et dans le monde des énergies il n'y a pas d'évaluation mentale ni de morale. Dieu est la perfection et nous devons évoluer dans ce sens. Nous devons faire l'expérience de cette perfection par notre comportement, au niveau de nos capacités.

Pour manifester les capacités énergétiques de Dieu, nous devons les connaître afin de les utiliser en toute conscience. La loi la plus importante est la loi d'attraction qui fait que toute cause produit un effet. Elle fonctionne suivant les attirances vibratoires. Un émetteur (une pensée par exemple) envoie une impulsion qui se déplace sur un conducteur, (l'énergie universelle), vers un récepteur qui l'enregistre, (la Conscience divine). Toutes les énergies, celles du monde matériel et celles du monde spirituel, sont soumises à cette loi.

Pour le choix de notre comportement, nous n'avons pas d'excuse si nous faisons des actions négatives, sachant qu'elles s'inscrivent sur les ondes de la Conscience universelle. Elles ont une basse fréquence et elles freinent l'évolution de la conscience des individus. Elles ne font pas baisser le taux vibratoire de leur conscience car ce qui est acquis le reste, mais elles empêchent son évolution en le maintenant au niveau qu'il a atteint.

Nous ne pouvons pas oublier ce que nous savons, même si nous en faisons un mauvais usage. Notre évolution est bloquée au niveau qu'elle a atteint alors que le but de notre vie est de progresser sur les degrés de la Conscience universelle. Nous évoluons en nous connectant aux niveaux de Conscience élevés sur l'échelle de l'Amour grâce au bien que nous faisons en pensées, en paroles et en actions.

Nous connaissons les sept premiers niveaux de conscience de l'Energie divine accessibles à notre compréhension. Les niveaux sont en nombre illimité sur les degrés de l'échelle vibratoire de l'Amour. Nous accédons à ceux qui sont en harmonie avec le niveau de compréhension des consciences humaines. Les autres concernent des connaissances scientifiques qui n'ont pas encore été découvertes par les physiciens et mathématiciens astronomes.

LE COMPORTEMENT SOCIAL

Philippe, messager lui aussi, donne son avis sur le comportement des gens dans la vie sociale, sur leur relation avec autrui et sur leur méfiance qui provoque des jugements erronés. Une prise de conscience est nécessaire pour avoir un raisonnement juste.

Le 23 mai 2017, il a écrit à ce sujet le message suivant :

« Comment vais-je pouvoir dire des choses pour aider les humains à mieux vivre ?

Il y a les conditions de la vie qui sont les facteurs essentiels du bonheur car c'est vrai qu'il faut que chacun œuvre pour sa propre vie, mais comment dire suivez les conseils des bien-pensants qui n'ont aucun problème majeur si soi-même on est dans la misère ? Comment dire de bien se nourrir quand on a tout juste de quoi acheter du pain et les produits les moins chers et pire encore quand on dort dans la rue et que la vie est un enfer ? C'est par là qu'il faut commencer à agir, dans la fraternité et la main tendue aux plus démunis. »

Philippe met l'accent sur la prise de conscience du rôle de chacun dans la façon d'aider les plus démunis. Pour les entreprises, il conseille de ne pas critiquer les dirigeants mais d'agir afin qu'elles soient prospères en étant honnête dans son travail. L'intérêt de chacun est en jeu. Le chef d'entreprise peut donner du travail si son entreprise est performante. Il cherche toujours de nouveaux clients pour « tenir ». Parfois il passe ses week-ends dans des diners d'affaire et des débats commerciaux qui doivent se conclure par des accords de marchés.

« Il faut œuvrer pour que les pays soient prospères, en se comportant bien au travail, en le faisant sérieusement pour ne pas mettre l'entreprise en péril et risquer de perdre son emploi car ce sont les employés qui font que l'entreprise réussit ou pas par leur implication dans le travail, et s'ils ne le font qu'à moitié, c'est eux qui seront au chômage.

Il y a une prise de conscience qui doit se faire mais surtout que le sens de la dévalorisation n'existe plus car c'est cette impression de n'être que des pions qui ne reçoivent aucune considération qui provoque la rébellion. Le respect pour chacun doit devenir une généralité car il n'y a pas dans une entreprise, qui est comme un grand corps, de membres inutiles ou inférieurs. Tous ont la même importance car le travail de chacun contribue à la réussite de l'ensemble. Ainsi, peut-être qu'il y aura plus de travail et moins de misère. Il ne devrait pas y en avoir car tous sont liés à Dieu et chaque être vivant a autant d'importance pour lui que les autres. » (Philippe)

Dans l'Au-delà, il n'y a pas d'orgueil, pas de litiges dus à la jalousie de ce que les autres ont acquis car le sens du profit et l'avidité n'existent pas. Il n'y a pas de biens matériels. Lorsque nous quittons le monde terrestre, nous laissons toutes nos possessions. Il n'y a que des pensées et de l'énergie. La seule valeur que nous possédons est celle de notre âme, de sa capacité à aimer. Sur Terre nous « amassons des biens spirituels » qui seuls subsisteront.

Ce sont les qualités que nous avons acquises au cours des expériences de la vie.

Il n'y a pas de comparaison concernant le niveau d'évolution. Chacun a celui qu'il a acquis par sa façon de vivre. Il n'existe que des relations d'amour.

Les plus évolués vont aider ceux qui le sont moins à comprendre la Loi Divine et sa raison d'être, afin qu'ils se comportent avec amour. L'Âme Divine est en chaque être vivant de façon égale et impartiale car l'Âme Divine est une énergie. Elle est toute entière en chacun de nous, mais nous n'en exprimons que ce que nous avons compris. Chaque être vivant a la même importance que les autres car il est animé de la même Force d'Amour. C'est au cours des incarnations successives et de ce que chacun vit que les humains progressent suivant leurs expériences.

L'ERE NOUVELLE

Nous entrons progressivement dans **l'Ere du Verseau**. Les nombreux messages des êtres spirituels évolués, les anges, les archanges, les guides et les maîtres nous informent du changement vibratoire de l'Univers contre lequel nous ne pouvons rien sinon nous adapter et en comprendre les conséquences sur notre vie.

Cette accélération vibratoire ne concerne pas que le monde matériel. Les ondes imprègnent tout, même les consciences des êtres vivants.

« *Il y a un changement vibratoire conséquent de toute vie sur Terre et dans votre système solaire qui se réchauffe…..La conséquence positive est que votre niveau de conscience s'élèvera d'un coup* ». (Raphaël)

Nous sommes libres d'aller dans le sens du changement et de reconsidérer notre relation à la Conscience universelle, que nous appelons Dieu, suivant les nouvelles connaissances apportées par les messagers de l'Au-delà. Tous ceux qui dirigeront leur vie vers le bien seront de plus en plus heureux alors que ceux qui ne voudront pas changer leurs comportements négatifs verront leurs difficultés s'accentuer par l'effet vibratoire des énergies cosmiques. Toutes les fréquences vibratoires de l'Energie s'accélèrent. Celles qui concernent les ondes positives qui correspondent au bien que chacun fait comme celles des ondes négatives, qui sont l'expression du mal que nous pensons, disons et faisons.

« Je redis que les hommes verront l'amélioration de leur vie s'ils font ce qu'il faut pour ça. S'ils ne font rien, si la fraternité ne se développe pas, il n'y aura pas de progrès et vous verrez vos difficultés se décupler. Ceux qui progresseront seront de plus en plus heureux car l'effet vibratoire dans un sens comme dans l'autre sera décuplé. »(Raphaël)

Pour mon livre « l'Energie Créatrice et ses manifestations », Loreen m'a demandé de parler de l'Ere Nouvelle afin que chacun comprenne bien comment il pourra améliorer sa vie et l'avenir de l'humanité.

Le changement vibratoire ne pourra pas produire seul le progrès spirituel des hommes et la paix dans le monde.

« Il convient de dire que cette ère verra la spiritualité progresser mais il est impossible de vous cacher que ce sera au prix que les humains aillent vers l'amour et la fraternité. L'Ere Nouvelle devra voir l'égalité se révéler ». (Raphaël).

« C'est chacun de vous, par son désir de montrer de l'amour envers autrui et son comportement fraternel qui fera basculer le mal en bien en l'empêchant de se manifester. Il est grand temps de changer d'attitude ». (Loreen).

« *Le manque d'amour est de plus en plus flagrant et contribue essentiellement à cette désolation* ». *(Un guide)*

Le progrès spirituel, par la recherche des valeurs morales, nous permettra de transformer les vibrations négatives qui nous affectent en vibrations positives porteuses de paix et d'équilibre.

« *C'est par la maîtrise de soi qu'il est possible de maitriser les ressentis et de laisser s'exprimer la raison, l'amour, le respect et la fraternité* ». *(Ludovic)*

Nous sommes tous responsables de l'avenir de la planète sur le plan matériel, moral et spirituel. L'introspection, la recherche de «qui nous sommes » et la connaissance de soi sont les clés qui permettront à chacun de progresser et d'être utile.

La conscience humaine reçoit des ondes de plus haut niveau vibratoire qui lui donnent accès à plus de connaissances. Nous sommes engagés sur la voie du progrès spirituel qui devra se faire.

Message du guide Mélanie écrit le 30/12/2024 :

« *Les humains doivent prendre au sérieux les avertissements des guides spirituels concernant la vie nouvelle induite par le changement vibratoire de l'Univers. Ce ne sont pas des avertissements comme il y en a tant, au sujet de ce qui va arriver et qui n'arrive pas, comme les promesses de nouvelles relations entre les humains qui ont pour conséquences de rendre la vie meilleure. Vous êtes habitués à tous les avertissements, vous les lisez mais vous n'en tenez pas compte.*

Là, le changement ne concerne pas que le monde terrestre. Il s'agit de l'Univers entier. Concernant la mise en garde que vous recevez, il s'agit des conséquences de la vie des humains. Le mal qui va supplanter le bien et précipiter l'humanité dans d'effroyables difficultés, résultat de toutes les actions des humains sur le plan matériel et spirituel.

Là, il s'agit d'un changement vibratoire de l'Univers entier contre lequel il n'y a pas de solutions matérielles mais issues de votre comportement spirituel, de votre compréhension de la Nature divine.

Les accélérations vibratoires vous mettent en contact avec un nouvel état vibratoire auquel il faudra vous adapter. J'allais dire de gré ou de force car, lorsque vous verrez les conséquences désastreuses pour votre vie, je parle de ceux qui ne voudront pas changer, ils seront obligés de chercher à changer pour arrêter d'avoir autant de difficultés.

Ceux qui seront dans le vrai donneront une impulsion spirituelle « vraie » aux croyances en Dieu et, petit à petit l'humanité transformera ses conceptions religieuses en pensées relatives à la véritable Nature divine. Elle s'imposera d'elle-même dans la compréhension des humains.

Donc, prenez conscience que ce ne sont pas de veines paroles. Changez de conception en comprenant la véritable Nature de Dieu. C'est pour votre bien et votre bonheur. Dieu a besoin d'être connu tel qu'il est afin que chacun soit utile à l'évolution des consciences ».

Mélanie dit : *Lorsque vous verrez les conséquences désastreuses pour votre vie »* elle suppose que vous serez capables de vous rendre compte que la solution est dans le changement des mentalités au sujet de la croyance en Dieu. Il y aura encore de nombreuses personnes qui ne le saisiront pas. Il faudra pour cela avoir compris notre relation avec le Divin et le monde spirituel. Ce ne sera pas une punition divine car le Divin ne punit pas. Ce sera le résultat de la connexion vibratoire des consciences qui s'harmoniseront avec un niveau de la Conscience divine inférieur.

C'est à nous de « rentrer en soi » et de chercher à savoir ce que chacun peut faire, suivant sa compréhension, pour aller dans le sens de ce grand changement. Les catastrophes naturelles, conséquentes à cette grande transformation vibratoire, sont de plus en plus fortes et dévastatrices. Le réchauffement climatique est une des conséquences de l'accélération des ondes cosmiques puisque, vibrant plus vite, elles produisent plus de chaleur. A cela s'ajoutent les conséquences de l'émission d'oxyde de carbone générée par la vie des humains et des organismes vivants.

Préparer l'avenir de l'humanité devient une évidence. Personne n'échappera aux conséquences désastreuses de ces nouvelles conditions de vie. Cela s'installera progressivement et, sans réflexions, les gens admettront ce changement sans se poser la moindre question, comme une fatalité sur laquelle nous n'aurions aucune prise.

Si notre action est « passive » sur le plan physique elle peut être « active » sur le plan spirituel. C'est dans ce domaine que nous pouvons agir. Nous pouvons faire changer l'état de conscience de tous ceux qui président à notre destinée si nous leur envoyons des ondes positives. Ils les recevront et nous espérons qu'elles seront suffisamment fortes pour leur inspirer les bons comportements.

Plus nous serons nombreux à demander à la Conscience Universelle de leur donner les bonnes intuitions, plus nous avons de chances qu'elles soient efficaces et provoquent le changement des mentalités en accord avec l'Ere Nouvelle. Nous n'avons pas à demander ce que nous voulons mais ce qui est bon pour les êtres humains.

Samedi 27 août 2022, un ange m'a contactée pendant notre réunion de prières d'aide spirituelle aux personnes malades, aux personnes décédées et aux âmes errantes sur Terre qui veulent partir et ne savent pas comment faire. Nous les aidons. Il a écrit le message suivant :

« *Je m'appelle Rodolphe. Oui, il faut que les humains se réveillent. On vous a expliqué ce qu'il faut faire : prières, prise de conscience et action. Pour le moment, il y a une prise de conscience progressive mais les gens entendent et se disent révoltés mais ne font rien. Dites-le que penser ne suffit pas, il faut agir. Trop facile d'attendre que les autres agissent et ne pas se sentir concernés.*

Ce ne sont pas les autres qui doivent agir et attendre qu'ils le fassent car si tout le monde compte sur autrui rien ne se passe. Les consciences individuelles doivent devenir responsables et agir vite. Il n'y a pas des siècles d'hésitation à avoir. Il faut agir. La tâche est grande « Faites le bien autour de vous. Chacun a sa pierre à apporter à l'édifice de la paix et de l'amour. Donnez de l'amour, priez mais aussi agissez car la prière seule n'est pas suffisante. Elle permet aux Forces Universelles de vous donner les qualités nécessaires que vous demandez mais c'est vous qui devez les utiliser pour agir. Priez, donnez, agissez.

Je suis un ange qui profite de votre canal pour s'exprimer.

Les êtres spirituels sont de plus en plus nombreux à nous contacter. Cela aussi fait partie du progrès des consciences individuelles qui seront de plus en plus connectées, entre celles des âmes de l'au-delà et celles des humains de la Terre.

L'avenir de l'humanité va être difficile. Les Maîtres écrivent des messages pour nous exhorter à avoir confiance et à œuvrer utilement pour aider les humains à sortir des difficultés. Nous pensons que ce sera très difficile à vivre car ils nous demandent de ne pas avoir peur.

Les médias nous informent que tout ce qui concerne notre vie sera enregistré : Travail, santé, situation familiale, lieux de vacances, comptes bancaires, argent.......dans des logiciels individuels par l'intermédiaire des ondes électroniques de la 5G. A priori, cela peut paraître avantageux de ne plus avoir à faire de démarches. Cependant les guides attirent notre attention sur les conséquences négatives de cette surveillance totale de toutes nos activités.

Des chercheurs éminents font des conférences pour nous mettre en garde contre une éventuelle mise en esclavage d'un genre « moderne», informatique. Nous ne savons pas quelles seront les conséquences de cette nouvelle situation. Mais nous devons y réfléchir et n'accepter que ce qui nous semble vrai selon notre compréhension et sans conséquences.

J'ai demandé un message à mon guide Anaëlle concernant ce sujet (5/01/2023). Voici ce qu'elle a écrit :

« *Les guides et les maîtres vous avertissent qu'il va y avoir des temps difficiles. Mais ils ne vous disent pas comment cela va se passer. Ils ne le peuvent pas puisque c'est vous qui décidez de votre sort collectif. C'est à vous de comprendre ce qui ne va pas.*

Il y a des circonstances de vie que les gouvernements de tous les pays annoncent, comme la traçabilité de tout ce que vous faites grâce aux ondes de la 5G par exemple. Ils vous disent que tout ce que vous faites sera connu car enregistré et on vous dit que c'est pour votre bien. Vous avez vécu, vous et toute l'humanité avant vous, sans qu'il y ait la moindre surveillance à votre égard.

Cela peut avoir un effet alléchant, plus de soucis, je peux me comporter en assisté comme je le fais envers Dieu à qui je demande de réaliser ce que je veux.

Mais n'y-t-il pas un vice caché ? Si vous êtes surveillés, cela peut déboucher à terme sur la privation de liberté via les comptes bancaires bloqués. C'est ce qui est suggéré par ceux qui analysent la situation. Je ne suis pas là pour juger mais pour vous inviter à réfléchir et à accepter ce qui vous convient mais en toute connaissance de cause. Votre liberté est entière.

Nous vous exhortons à chercher en vous « qui vous êtes »et « qui vous voulez être ». Nous vous incitons à devenir responsables de votre avenir selon votre compréhension ».

Si tout ce qui nous concerne est automatiquement enregistré, nous n'aurons plus de liberté car la crainte d'être espionné sans cesse va nous envahir. La peur est le levier qui active tous les comportements de défense pour se protéger. Elle engendre des situations de crainte et nous pouvons être prisonniers de cette situation. Attention à ne pas devenir des robots téléguidés par les miroirs déformants de la matérialité.

Les guides nous demandent d'être nous-mêmes, de se connaître de « l'intérieur », de réfléchir et d'analyser.

Des catastrophes naturelles de plus en plus graves se produisent sur la planète. Les tsunamis sont gigantesques, les tempêtes de plus en plus violentes, les incendies font des ravages considérables et les inondations détruisent beaucoup. Les victimes sont nombreuses, humaines, animales et végétales. Le relief est également modifié. Elles sont générées par le changement climatique. Les humains ne sont pas les seuls responsables de ces transformations.

Les scientifiques sont attentifs au moindre changement dans leurs observations. Ils ont constaté un décalage de la position des planètes, observées à des dates fixes, amenant à cette conclusion. Il s'agit des énergies du monde matériel, mais les énergies spirituelles sont soumises à la même loi.

Les guides de Lumière et les Maîtres nous avertissent des conséquences de ces changements sur le niveau spirituel des humains. Les ondes de notre conscience sont soumises à cette accélération, ce qui a pour effet de nous amener à changer notre façon de penser, à remettre en question notre compréhension du Divin et à nous pousser à chercher la vérité concernant sa véritable Nature. De nouvelles idées nous parviennent qui provoquent nos questionnements. L'Ere du Verseau va ouvrir les consciences grâce à ce changement d'intensité vibratoire.

Loreen explique que le changement vibratoire de l'Univers aura des conséquences sur les pensées (26/10/2024) :

« L'Ere du Verseau implique que des changements vibratoires de l'Univers ont pour conséquence des changements au niveau des ondes spirituelles et donc un changement de l'état de conscience pour les humains. Les ondes de la Conscience universelle vous rattachent à un niveau plus élevé de connaissances spirituelles que vous pouvez accepter ou pas.

Il faut simplement savoir que cette accélération des ondes va avoir des conséquences importantes sur vos pensées. Tout ce que vous ferez en rapport avec le bien sera augmenté et vous en bénéficierez plus qu'avant. Tout ce que vous ferez de mauvais, même ce qui vous paraît minime, sera aussi amplifié et vous en subirez les conséquences plus qu'avant.

Il est temps de comprendre cela et de changer votre façon de connaître Dieu suivant sa véritable nature ».

Les messagers de l'Au-delà nous conseillent de nous ouvrir à ce changement en toute confiance, de ne pas avoir peur mais d'agir pour le meilleur.

Compte tenu des difficultés potentielles qui nous sont annoncées sur tous les plans de notre vie, la priorité risque d'être la vie sociale, le travail. Il semblerait, d'après les différents messages, que la précarité augmente.

Dans un message du 4 août 2021, Victorine, messagère, et petite fille d'une personne que je connais, nous met en garde contre les dépenses inconsidérées que nous aurions envie de faire :

« Je voulais parler de bien analyser les tenants et les aboutissants de ce que l'on prévoit de faire, des dépenses envisagées et de leur résultat. Sont-elles nécessaires ? Faut-il les différer ? Faut-il se contenter du strict nécessaire lorsque les circonstances sont modifiées ? Ne pas chercher à briller et oublier la « notion de soi » au profit de la « notion des choses ».

Ne faites rien qui peut vous porter tort et nous voyons bien d'ici que les humains ont de gros problèmes financiers. Il convient de vivre dans un premier temps de la manière la meilleure pour subvenir à ses besoins et de remettre à plus tard ce qui va demander de gros frais.

Soyez raisonnables dans vos projets et soyez capables de renoncer à certaines choses. Il y aura des difficultés à vivre pendant plusieurs années. Que chacun prévoit bien de quoi vivre ».

Ce message nous invite à la tempérance concernant les dépenses inutiles qui risquent de nous faire vivre des années difficiles. Victorine prévoit de grandes difficultés qui peuvent avoir de graves conséquences si nous ne pouvons plus assumer, par exemple, les charges fixes qui sont incontournables.

De nouvelles mentalités vont apparaitre. L'accélération des vibrations universelles produisent plus de lumière matérielle et spirituelle. Cette luminosité, plus éclatante que celle de l'Ere des Poissons qui s'achève progressivement, nous connecte à un degré plus élevé de l'Energie de la Conscience et nous donne accès à un niveau de connaissances supérieur.

Sur ce plan circulent de nouveaux concepts. Les capacités psychiques se développent en particulier en ce qui concerne le contact avec les êtres spirituels. Nous voyons les signes qu'ils nous adressent et nous osons en parler. Pour les contacter, nous pouvons utiliser la Transcommunication Instrumentale (TCI), les contacts en écriture inspirée ou automatique, la communication mentale par l'intermédiaire de l'intuition.

Nous apprenons à découvrir la Nature divine. Nous comprenons que nous sommes seuls sur le chemin de notre évolution de conscience et nous sommes poussés à tenir compte de nos pensées plutôt que de celles des autres. En exerçant notre libre-arbitre nous pouvons avancer en toute conscience sur le chemin du progrès personnel et vivre en accord avec nous-même. La Nouvelle Ere verra l'humanité sortir de ses vieux schémas hérités du passé et transformer les relations humaines en fraternité.

« *Vous n'êtes pas conditionnés par une famille d'âmes. Vous en subissez l'influence spirituelle puisque vous êtes sur la même longueur d'ondes. Ce qui concerne chaque membre de cette famille qui vit dans la même sphère que vous, vous concerne aussi. Les idées et les convictions qui y circulent sont celles de tous les membres de ce niveau. Cela n'est pas une tutelle car vous êtes libre d'adhérer ou pas à ces idées-là. Mais elles sont d'un niveau d'évolution qui est en harmonie avec vos capacités de compréhension. Les humains doivent comprendre et accepter ce changement vibratoire car étant donné que l'énergie est plus forte, tout ce qui est bien sera encore mieux et tout ce qui est mauvais sera accentué. C'est donc à vous de choisir. »* (Loreen)

Les nouvelles énergies nous poussent à nous améliorer. Mais si nous nous continuons à avoir des pensées négatives, à critiquer, nous nous connecterons à des vibrations qui nous porteront tort.

Nous ne pouvons rien changer, nous n'avons aucune emprise sur l'état vibratoire de l'Univers. Le bien doit maintenant se manifester progressivement car il est la vibration de l'Ere du Verseau qui est celle de la Sagesse. Cela prendra du temps pour que tout le monde comprenne mais cela sera avant la fin de l'ère, disent les messagers spirituels.

Ce que nous demandons à Dieu est « enregistré » et produira un effet si notre pensée est suffisamment forte. C'est l'intensité vibratoire de la demande qui lui donne de la force. C'est pour cela qu'il est important de définir ce que nous voulons et de « l'imprimer » sur la Pensée Divine avec foi et conviction : « ce que je veux ? Je veux guérir, ou réussir telle démarche, ou avoir du courage, de la force, de la détermination….Je te demande Conscience universelle (ou Dieu) de m'aider pour cela. Et je te remercie ».

Ainsi nous adressons à Dieu une demande claire et positive, pas une supplique. La réussite dépendra de notre détermination, de notre conviction. Il convient de renouveler notre demande souvent, tous les jours, avec par exemple l'appui de la flamme d'une bougie que nous aurons imprégnée de notre pensée et qui durera pendant tout le temps où la bougie brûle.

L'aide Divine est automatique mais son efficacité dépend de nous, de notre croyance en la réussite sans le moindre doute. Le doute fait baisser le taux vibratoire de notre pensée et ses ondes ne peuvent pas s'imprimer à une fréquence élevée sur celles de la Conscience Universelle.

L'EDUCATION DANS L'ERE NOUVELLE

La nouvelle fréquence des ondes spirituelles nous donne accès à des pensées nouvelles, orientées vers la compréhension du monde spirituel et de la relation des humains avec le Divin.

Pour que cette évolution se fasse dans les meilleures conditions possibles, il est nécessaire d'améliorer les contenus des programmes de l'enseignement par de nouveaux sujets d'études liés à la connaissance de soi. Aujourd'hui, il assure les connaissances nécessaires à la maîtrise des enseignements, qu'ils soient manuels, techniques ou intellectuels. Toutes les matières des programmes scolaires ont pour but de permettre aux individus de réussir leur vie professionnelle et de connaître les lois et les règlements de la vie sociale. Cependant aucune connaissance concernant la vie spirituelle n'est abordée.

Les enfants doivent apprendre à penser de façon critique, c'est-à-dire à analyser ce qu'ils entendent ou ce qu'ils lisent et à avoir une opinion personnelle. Ils peuvent ainsi se construire autour des idées qui leur conviennent.
En analysant les informations qu'ils reçoivent, ils développeront leurs capacités de raisonnement.

L'éducation ne se soucie pas de l'être spirituel. Uniquement de la nature matérielle de la personnalité.

L'âme n'est pas évoquée. Cependant elle est notre véritable personnalité.

L'éducation devrait enseigner la méditation, la relaxation, la connexion avec son être intérieur afin de développer la connaissance de soi et de se donner des outils utiles. Il s'agit d'apprendre des pratiques qui nous aident. L'enseignement devrait dispenser ces connaissances, et leur donner une place égale aux matières habituelles de façon à ce que tous les enfants profitent des mêmes bagages.

Il ne s'agit pas de parler de Dieu car chacun est libre de sa religion. Cette liberté garantit l'indépendance de chacun. Il y a de multiples façons de se mettre en relation avec son être intérieur : la méditation qui permet de faire le vide mental et de laisser venir les pensées librement, les pratiques de relaxation qui libèrent le corps des tensions nerveuses et procurent l'apaisement propice au contact avec nous-même. Nous appelons ça des pratiques de bien-être. Il est possible d'apprendre aux enfants à se connaître, à prendre conscience de leurs capacités et de leurs compétences sans parler de religion ou de Dieu.

Loreen a écrit ce message afin de préciser les différents niveaux du travail sur soi :
« Les thérapeutes de santé qui s'intéressent à l'action des énergies sur le corps sont dans cette

démarche. Ils cherchent à équilibrer les énergies nerveuses et les différentes énergies qui agissent sur la santé par l'équilibre des énergies dans le corps humain. Mais ils ne passent pas le cap tabou de parler de l'âme et de sa relation à Dieu. Il faut dire que pour en parler il faut savoir.

Parler de Dieu et de la relation de l'âme individuelle à l'Âme Divine est un niveau supérieur de réflexion et de ressenti qui fait entrer l'homme « à l'intérieur de lui-même ». Dieu vit en chaque être vivant donc en chaque humain. En soi, chacun a cette Etincelle Divine qu'il doit réveiller. Elle ne peut se manifester que si on la cherche. C'est ce qui est important. Se tourner vers la partie divine de l'âme et lui permettre de s'exprimer afin que chaque âme-personnalité puisse se révéler en tant que divinité ».

CONCLUSION

BIEN PREPARER SA VIE DANS L'AU-DELA

Que se passe-t-il lorsque nous arrivons dans le monde invisible ?

Nous sommes accueillis par notre guide, les anges qui nous ont aidés, notre famille, nos amis. Si nous n'avons pas besoin de soins énergétiques pour reconstituer notre corps psychique, le guide nous emmène sur la fréquence vibratoire de l'Energie universelle qui a le même taux vibratoire que le nôtre. Nous vivrons en harmonie avec les autres âmes qui vibrent sur la même longueur d'ondes que nous. Les ondes de notre conscience se connectent par attirance vibratoire à celles de l'Energie universelle de même fréquence. C'est une question de physique. Nous sommes des énergies et nous sommes soumis aux lois de la physique.

Pour les personnes qui ne croient pas en Dieu, la situation est la même. Les ondes de la Conscience universelle agissent seules. L'attirance vibratoire des ondes est automatique dans les deux cas. Notre âme se place toute seule sur son niveau vibratoire par attirance des couleurs qui sont les siennes avec les couleurs du niveau vibratoire de la Conscience universelle qui ont la même fréquence qu'elles et donc la même couleur.

Si nous croyons que notre guide se charge de nous emmener sur le plan vibratoire qui est le nôtre, cela se passe ainsi. Si nous pensons que l'Energie universelle agit seule par attirance, cela sera ainsi. Notre pensée provoque ce qu'elle croit. Il s'agit dans les deux cas de la même connexion vibratoire.

Nous avons à faire avec notre guide le bilan de notre vie en comprenant ce que nous avons fait de bien et de mal sur Terre. La seule question qui nous est posée est de savoir ce que nous avons fait de bien car notre mission est de révéler l'Amour à travers nos actes.

Nous voyons avec lucidité le bien et le mal que nous avons fait. Le mental n'interfère plus sur nos pensées et nous comprenons avec lucidité. Suivant le comportement que nous avons eu, nous éprouvons des regrets plus ou moins grands.

Le guide ne nous dit pas de comprendre nos erreurs pour les réparer. Elles sont la preuve de notre incompréhension de la Nature divine et nous révèlent seulement ce que nous n'avons pas compris de l'Amour.
Les erreurs se répareront dans la vie prochaine grâce aux expériences de la vie que nous choisirons. Nous avons à choisir l'aspect de l'Amour que nous voulons comprendre.

Sachant cela, nous avons sur Terre la possibilité d'éviter la plupart de nos erreurs en étant bons le plus possible. Nous ne sommes pas parfaits, mais nous pouvons éviter de faire souffrir.

Le guide Anaëlle a écrit ce message à ce sujet :

« *Les humains comprennent de plus en plus qu'ils doivent vivre dans l'Amour. La prise de conscience se fait petit-à- petit, de la nécessité de répandre l'Amour autour de soi. La Terre vit des turbulences physiques, psychologiques et existentielles qui bousculent les traditions et amènent chacun à changer de pensées par la prise de conscience de ce qui est bien de faire maintenant. Les changements de niveau vibratoire de l'Univers et donc de la planète induisent de nouvelles connaissances qui deviennent accessibles aux consciences humaines.*

Travaillez sur vous-mêmes afin d'acquérir ici les compétences d'Amour nécessaires pour évoluer vers la compréhension de l'Amour universel ou divin.

Le but est de vivre dans plus d'amour dans l'au- delà mais aussi d'être un outil utile pour l'évolution de l'Amour universel ».

L'éveil de la conscience est le but de l'Ere Nouvelle. Nous venons d'entrer dans une dimension énergétique qui est celle du Verseau, symbole de la sagesse. Ses vibrations plus élevées que celles de l'Ere des poissons que nous quittons, nous permettent d'avoir accès à un niveau de compréhension supérieur à celui

236

que nous avions auparavant. Ceci nous emmène à réfléchir à la raison de notre vie sur Terre et à son but.

C'est le progrès personnel : apprendre à s'aimer, à aimer les autres et à désirer comprendre notre relation avec le Divin qui nous permet d'évoluer. Les progrès réalisés sur Terre nous font « briller » plus et élèvent notre niveau de conscience.

TABLES DE MATIERES

LA VIE TERRESTRE EXPLIQUEE PAR LES GUIDES 1

Du même auteur : 2
AVANT-PROPOS 3
INTRODUCTION 5
LES DEUX MONDES 8

Nous sommes à l'image de Dieu. 42

Nous avons un rôle bien défini dans la
création. 45

Nous sommes seuls responsables de notre vie. 67

Nous créons les circonstances de notre vie. 70

Dieu ne s'occupe pas de notre vie matérielle. 72
LE DIVIN EST AMOUR ET CONSCIENCE 76
L'AMOUR 86

Loreen dit « il faut donner de l'Amour ». 90
LES DEGRES DE L'AMOUR 103

L'Amour est universel. 109
LE MONDE EST A L'IMAGE DE CE QUE NOUS
PENSONS 112
LA PERSONNALITE 121

NOTRE PENSEE EST CREATIVE 130

LES EMOTIONS 143

CONSEQUENCES DES PENSEES, DES PAROLES ET
DES ACTIONS 166

**Nos pensées, paroles et actions ont des
conséquences sur la conscience planétaire.....166**

LA CONSCIENCE 170

**L'évolution des consciences individuelles est
nécessaire au progrès de l'humanité. 193**

LA VIE HUMAINE 200

A QUOI SERT LA VIE 204

LE COMPORTEMENT SOCIAL 212

L'ERE NOUVELLE 215

De nouvelles mentalités vont apparaitre...........227

L'EDUCATION DANS L'ERE NOUVELLE. 231

CONCLUSION 234

TABLE DES MATIERES.. 238

© **2025 Annie Besson**
Édition : BoD · Books on Demand, 31 avenue Saint-Rémy, 57600 Forbach, bod@bod.fr
Impression : Libri Plureos GmbH, Friedensallee 273, 22763 Hamburg (Allemagne)
ISBN : 978-2-8106-2996-1
Dépôt légal : Avril 2025